नंदकिशोर दोहावली
छन्दकाव्य

किशोर श्रीकृष्ण की अद्भुत लीलाओं की पद्यमय कथा

Prof. Ratnakar Narale

SANSKRIT HINDI RESEARCH INSTITUTE

Composition : Dr. Ratnakar Narale, Prof. Hindi, Ryerson University, Toronto.
B. Sc. (Nagpur), M. Sc. (Pune), Ph. D. (IIT, Kharagpur), Ph. D. (Kalidas Sanskrit Univ. Nagpur);

web : www.pustak-bharati-canada.com
email : books.india.books@gmail.com
WhatsApp : +1 416 666 6932

Book Title : नंद किशोर दोहावली, महाकाव्य

प्रस्तुत **नंद किशोर** दोहावली महाकाव्य सर्वतोपरी दैवी अद्भुत लीलाओं से ओतप्रोत भरा हुआ व आध्यात्मिक गहनता से परिपूर्ण, प्रतिभावान और जागतिक इतिहास में अनुपम है. विशेष बात यह कि इस काव्य के दोहे बोलचाल की साधारण सरल हिंदी भाषा में ही रचे गए हैं.

भारतीय संस्कृति का ऐसा कोई भी पहलू नहीं है जो इस अनूठे महाकाव्य में रुचिरता से सन्नद्ध न किया हो. यह काव्य प्रेमियों के लिये दोहाबद्ध विशाल भांडागार है. इसके किसी भी गीत के हारमोनियम स्वर लिपि के लिए ल्खक से संपर्क करें.

Sanskrit and Hindi Font : Sarasvati Font Designed and Created by Ratnakar Narale.
Graphics : Ratnakar Narale, Madhavi Borikar

Published by : PUSTAK BHARATI (Books India), for Sanskrit Hindi Research Institute, 180 Torresdale Ave., Toronto, ON, Canada, M2R 3E4.

Copyright © 2019
ISBN 978-1-897416-95-2

© All rights reserved. No part of this book may be copied, reproduced or utilised in any manner or by any means, computerised, e-mail, scanning, photocopying or by recording in any information storage and retrieval system, without the permission in writing from the author.

Author

Vishva Hindi Samman and Hindu-Ratna Award recipient, Prof. Ratnakar Narale has Ph.D. from IIT, Kharagpur and Ph.D. from Kalidas Sanskrit University, Nagpur, India. He is an author and musician. Ratnakar is Prof. of Hindi at Ryerson University, Toronto, Canada. He is living in Toronto since last 50 years.

He has studied **Sanskrit, Hindi, Marathi, Bengali, Punjabi, Urdu** and **Tamil** languages and has written books for learning these languages . He has written excellent and unique books on Gita , Ramayaṇ, Shivaji and Music. His books can be viewed at www.books-india.com and they are available at amazon.com and other international book distributors.

His writings have been applauded by such organizations as the World Hindi Secretariat, Mauritius, Sangit Natak Akademi, New Delhi; Indian Council for Cultural Relations (ICCR), New Delhi; Strings-N-Steps, New Delhi; ATN News Channel, OMNI News Channel, Hindi Times, The Hitwad, The Tarun Bharat, the Lokmat, The Sakal, Des Pardes, Nav Bharat Times, Sahitya Amrit, The Voice, The Indian Express, ... etc.

He has received citations from some of the most prominent people as, **Hon. Atal Vihari Vajpai,** *Prime Minister of India;* **Hon. Basdeo Panday,** *Prime Minister of Trinidad and Tobaggo;* **Dr. Murli Manohar Joshi,** *Federal HRD Minister of India;* **Ashok Singhal,** *President, VHP, New Delhi;* **Shri Mohan Bhagavat,** *Sarsanghachalak, Rashtriya Swayamsevak Sangh, Nagpur, India,* etc.

His music compositions are endorsed by such great Indian music Maestros as *Bharat Ratna* **Dr. Ustad Bismillah Khan Trust,** New Delhi; *Padma Vibhushan* **Amjad Ali Khan,** New Delhi; *Padmashri* **Ustad Ghulam Sadiq Khan,** New Delhi; *Music Maestro* **Rashid Mustafa Thirakwa,** New Delhi; *Padmabhushan* **Ustad Sabri Khan,** New Delhi; *Padmabhushan* **Pandit Debu Chaudhuri,** New Delhi; *Puṇdit* **Birju Mahataj,** New Delhi; etc.

SANSKRIT PRIMER
Primary to Intermediate
Prof. Ratnakar Narale
SANSKRIT TEACHER
ALL-IN-ONE
For All Levels
Without Transliteration
Prof. Ratnakar Narale
SANSKRIT TEACHER
ALL-IN-ONE
For All Levels
With Transliteration
Prof. Ratnakar Narale
SANSKRIT GRAMMAR AND REFERENCE BOOK
The Sanskrit Black Book
Prof. Ratnakar Narale
HINDI TEACHER FOR HINDU CHILDREN
Prof. Ratnakar Narale
Sunita Narale
HINDI TEACHER for English Speaking People
New Enlarged Edition
TAMIL TEACHER
With Transliteration & Devanagari
Primary to Intermediate
Self-Tutor
Prof. Ratnakar Narale
URDU TEACHER
With Transliteration & Devanagari
Primary to Intermediate
Self-Tutor
Prof. Ratnakar Narale
GURUMUKHI TEACHER
COLOR CODED
Punjabi Gurumukhi
ਪੰਜਾਬੀ ਗੁਰਮੁਖੀ
Prof. Ratnakar Narale
Sunita Narale
Learn Bengali Through English / Hindi
With Transliteration & Devanagari
Ratnakar Narale
Self-Tutor
Learn Gujrati Through English / Hindi
With Transliteration & Devanagari
Ratnakar Narale
Self-Tutor
Learn Marathi Through English / Hindi
With Transliteration & Devanagari
Ratnakar Narale
Self-Tutor
GITA AS SHE IS
Gita ka Shabdakosh
Grammatical Dictionary of the Gita
गीता का शब्दकोश और अनुक्रमणी
New Edition
Prof. Ratnakar Narale
रत्नाकर रचित
गीतोपनिषद्
संस्कृत-हिंदी
Gitopanishad
Prof. Ratnakar Narale
Yoga-Sūtras of Patañjali, Made Easy
Body Mind & Soul
Prof. Ratnakar Narale
मेरे भजन
MERE BHAJAN
With English Transliteration and Meaning
VOLUME 1
Ratnakar
Learn Hindi Through English Medium
IN 20 EASY STEPS
Hindi Level 1
Ratnakar Narale
FLIPPED ENGLISH DICTIONARY
NEW EDITION
Prof. Ratnakar Narale
सविस्तार
हिंदी गीता

दादरा ताल

♪ म–ग म–म– म प–म– ग म–प–, रे–ग म–म– मध– प– मग–म– ।
रे–गमम म– म ध–प– गम–प–, रे–गम–म–मध– प– मग–रे– ।।

गीत शारद ने मंजुल है गाया, साज नारद मुनि ने बजाया ।
रत्नाकर से है मंगल रचाया, कृष्णदोहावली को सजाया ।।

Dedicated to
Our loving Grandchildren
Samay, Sahas, Saanjh, Saaya, Naksh and Nyra
(July 03, 2018)

Nirmala Armstrong
Regional Councillor

October 18th, 2017

Dr. Ratnakar Narale
Hindu Institute of Learning
2411 Dundas Street West
Toronto, Ontario
M6P1X3

HINDU-RATNA AWARD

Dear Dr. Narale,

As a Regional Councillor for the City of Markham and a Honourary Co-Chair of the Markham Hindu Heritage Month Committee, it is my pleasure to request your presence at the Markham Hindu Heritage Month Celebrations and to inform you that you have been selected to receive a "Hindu Ratna Award" on the day of this event.

This event has been organized by members of the Hindu Canadian Community who formed the Markham Hindu Heritage Month Committee in partnership with the City of Markham. As such, this event will commemorate the proclamation that was made by the Markham City Council on December 12, 2016. On this day, a motion was passed to proclaim the month of November as Hindu Heritage Month in the City of Markham. This proclamation goes on to recognize the many ways that Hindu Canadians have contributed to Markham's growth and success and reaffirms the city's commitment to celebrating Markham's diversity.

During this event, the 'Hindu Ratna Award' will be graciously presented to you for your service to the Hindu Canadian Community. Please do inform whether you will be able to attend this event to receive your award in person.

Event: Hindu Heritage Month Celebrations - "Come Celebrate with us Hindu Heritage Month"

Date: November 12th, 2017

Time: 5:00 pm – 7:30 pm

Location: Markham Civic Centre, 101 Town Centre Blvd., Markham ON L3R 9W3

Sincerely,

Nirmala Armstrong
Regional Councillor

The Corporation of the City of Markham, Anthony Roman Centre, 101 Town Centre Boulevard, Markham, ON L3R 9W3 Canada
T: 905-415-7534 • M: 416-509-2037 • F: 905-479-7763 • narmstrong@markham.ca • www.markham.ca

विश्व हिन्दी सम्मेलन
मॉरीशस
18-20 अगस्त, 2018

उद्धरण

डॉ. रत्नाकर नराले
कनाडा

डॉ. रत्नाकर नराले का जन्म 11 सितंबर 1942 को नागपुर, भारत में हुआ था। आपने नागपुर से स्नातक, पुणे विश्वविद्यालय से स्नातकोत्तर की डिग्री प्राप्त की है। आप रायर्सन विश्वविद्यालय, टोरंटो में हिंदी के प्रोफेसर हैं।

कई भाषाओं के ज्ञाता नराले की संगीत श्री रामायण, संगीत श्रीकृष्णायन, संगीत गीता दोहावली, गीता का शब्दकोष और अनुक्रमणी, गीता दर्शन इत्यादि कई पुस्तकें प्रकाशित हुई हैं। आपने भारत से बाहर विदेशों में प्रवासी भारतीयों और मॉरीशस, ट्रिनिदाद टोबैगो, गुयाना, सुरीनाम, फिजी इत्यादि देशों में भारतीय मूल के अंग्रेजी भाषी लोगों में हिंदी व भारतीय संस्कृति के प्रसार का दायित्व अपने ऊपर लिया।

आपको वर्ष 2017 में कनाडा के 150वीं जयंती महोत्सव पर हिंदी रत्न पुरस्कार से सम्मानित किया गया है।

हिंदी की सेवा में आपके उत्कृष्ट कार्यों के लिए आपको विश्व हिंदी सम्मान से सम्मानित किया जाता है

ॐ

अखिल विश्व हिन्दी समिति

Akhil Vishva Hindi Samiti

Phone: 416 505 8873, info@AkhilVishvaHindiSamiti.com
44 Barford Road, Toronto, On., M9W 4H4,Canada
www.AkhilVishvaHindiSamiti.com

श्री रत्नाकर नराले

को

कला पारिधि

सम्मान प्रदान कर स्वयं को गौरवान्वित अनुभव करती है।

शुभ कामनाओं सहित

गोपाल बघेल

गोपाल बघेल 'मधु', अध्यक्ष

वार्षिक 'विश्व कवि सम्मेलन'

१५ नवम्बर, २०१४ शनिवार

आमुख

संगीतसंयुता हृद्या छन्दोरागैरलंकृता ।
ईदृक्षी कविता विश्वे न भूता न भविष्यति ।।

हरि ओम्

बृहत्काव्यं महाकाव्यमिति वदन्त्यपण्डिताः । अष्टसर्गरसक्लृप्तं वदन्ति काव्यपण्डिताः ।। काव्य बड़ा दोने से ही महाकाव्य नहीं हो जाता. कम से कम आठ सर्गों से युक्त; जिसमें वीर, शृंगार या शांत रस प्रधान हो; और जिसका नायक कोई देव-देवता, राजा अथवा गुणसंपन्न धीरोदात्त वीर हो वही काव्य महाकाव्य होता है. प्रस्तुत बाल श्रीकृष्ण दोहावली महाकाव्य सर्वतोपरी दैवी अद्भुत लीलाओं से ओतप्रोत भरा हुआ व आध्यात्मिक गहनता से परिपूर्ण, प्रतिभावान और जागतिक इतिहास में अनुपम है. विशेष बात यह कि इस काव्य के दोहे बोलचाल की साधारण सरल हिंदी भाषा में ही रचे गए हैं.

भारतीय संस्कृति का ऐसा कोई भी पहलू नहीं है जो इस अनूठे महाकाव्य में रुचिरता से सन्नद्ध न किया हो. यह केवल काव्य मात्र ही नही बल्कि यह गंभीर संशोधन से भरा हुआ शोधप्रबंध भी है. यह काव्य प्रेमियों के लिये दोहाबद्ध ऐसा विशाल भांडागार है जैसा अन्य कहीं भी दुर्मिल है. यह महान ग्रंथ लेखक की काव्य तपस्या व साधना है.

नंद किशोर दोहावली कथा अनुक्रम

✍ दोहा॰

बालकृष्ण संगीत के, भजनों का भण्डार ।
जो गाता है प्रेम से, उसका है भव पार ।। 2

श्री गणेश वंदना (Page 3)
श्री सरस्वती वंदना (Page 4)
राष्ट्रभाषा हिंदी वंदना (Page 5)
दोहा छंद की व्याख्या (Page 6)

सर्ग

1. **श्रीकृष्ण के गुरुकुल समापन कथा** (Page 9)
2. **नटखट मुरली मनोहर की कथा** (Page 19)
3. **कालिया मर्दन की कथा** (Page 28)
4. **गोविंद गिरिधारी की कथा** (Page 41)
5. **केशीनिषूदन की कथा** (Page 54)
6. **अक्रूर जी की कथा** (Page 69)
7. **चाणूर मुष्टिक की कथा** (Page 78)
8. **कुवलयापीड़ की कथा** (Page 83)
9. **कंसनिकंदन की कथा** (Page 86)
10. **द्वारकाधीश की कथा** (Page 96)

नंदकिशोर दोहावली

महाकाव्य

श्री नंद किशोर कृष्ण की लीलाओं की गीत मय कविता ।

मंगलाचरण

श्री गणेश वन्दना :

नंद किशोर दोहावली गीतमाला, पुष्प 1

कीर्तन : राग खमाज,[1] कहरवा ताल 8 मात्रा

स्थायी

गणपति गणपति गणपति देवा! कोई लाए मोदक कोई लाए मेवा ।।

अंतरा–1

गणपति गणपति गणपति देवा! कोई करे भगति तो कोई करे सेवा ।

अंतरा–2

भजनन किरतन बहुविध देवा! लंबोदर लंबोदर लंबोदर देवा! ।

अंतरा–3

मुनि जन करियत जप–तप सेवा, गजमुख गजमुख गजमुख देवा! ।

अंतरा–4

अर्पण सब तव चरणन देवा! गौरीसुत गौरीसुत गौरीसुत देवा! ।

---

[1] **राग खमाज** : यह खमाज ठाठ का अति प्रचलित राग है । इसका आरोह है : सा ग म प, ध नि सां । अवरोह : सां नि ध प, म ग, रे सा । अवरोही कोमल नि इस राग की विशेषता है ।

▶ लक्षण गीत : **दोहा॰ आरोही रे वर्ज्य हो, वादी ग नि संवाद ।**
"खमाज" के अवरोह में, कोमल रहे निषाद ।। 43

जो षाडव–संपूर्ण है, सुर शृंगारप्रधान ।
देत नाम "कांबोज" हैं, जिन्हें राग का ज्ञान ।। 44

श्री सरस्वती वन्दना :

नंद किशोर दोहावली गीतमाला, पुष्प 2

आरती : राग खमाज, कहरवा ताल 8 मात्रा

(स्वरदा वन्दना)

स्थायी

जै जै स्वरदा माता । देवी स्मरण तेरा भाता ।
दरशन तुमरे सुंदर । सुमिरन तुमरे मंगल । चाहे सब ध्याता । ॐ जै सरस्वती माता ।।

अंतरा–1

जो आवे गुण पाने । ध्यान लगाने का । देवी ज्ञान बढ़ाने का ।
तेरे दर पर पावे । झोली भर कर जावे ।
ध्येय सफल उसका । ॐ जै सरस्वती माता ।।

अंतरा–2

जो आवे सुर पाने । गान बजाने का । देवी तान सजाने का ।
संगित नृत्य सिखाने । नाटय कला को दिखाने ।
मार्ग सरल उसका । ॐ जै सरस्वती माता ।।

अंतरा–3

जो प्यासा है कला का । चित्राकारी का । देवी शिल्पाकारी का ।
चौंसठ सारी कलाएँ । विद्या अष्ट लीलाएँ ।
साध्य सकल उसका । ॐ जै सरस्वती माता ।।

अंतरा–4

जो कवि गायक लेखक । वाङ्मय विरचेता । देवी सरगम रचयेता ।
साहित्य साधन पावे । बुद्धि का धन आवे । हेतु सबल उसका । ॐ जै सरस्वती माता ।।

अंतरा–5

शुभ्र वसन नथ माला । काजल का तिल काला । देवी हाथ कमल नीला ।
केयुर कंठी छल्ला । गजरा कुंदन ड़ाला ।
मुकुट है नग वाला । ॐ जै सरस्वती माता ।।

अंतरा–6

नारद किन्नर शंकर । तुमरे गुण गाते । देवी तुमरे ऋण ध्याते ।

भगत जो शरण में आता । भजन ये तुमरे गाता ।
मोक्ष अटल उसका । जै जै सरस्वती माता ।।

राष्ट्रभाषा हिन्दी वन्दना :

<u>नंद किशोर दोहावली गीतमाला, पुष्प 3</u>

राष्ट्रभाषा हिन्दी

स्थायी

वाणी सरस्वती की, है देन गणपति की ।
उज्ज्वल ये संस्कृति की, हिन्दी है राष्ट्रभाषा ।। हिन्दी है॰

अंतरा–1

सुनने में है लुभानी, गाने में है सुहानी ।
सबसे मधुर ये जानी, ब्रह्मा इसे तराशा ।। हिन्दी है॰

अंतरा–2

संस्कृत की ये सुता है, ऊर्दू की ये मीता है ।
मंगल सुसंगीता है, सुंदर ये हिन्दी भाषा ।। हिन्दी है॰

अंतरा–3

हिन्दी ये वो जुबाँ है, जिस पर सभी लुभाँ हैं ।
दुनिया का हर सूबा ही, हिन्दी का है निबासा ।। हिन्दी है॰

अंतरा–4

मनहर गुलों की क्यारी, बोली सभी से न्यारी ।
हिन्दी है सबको प्यारी, चाहे जो हो लिबासा ।। हिन्दी है॰

दोहा॰ वाणी कीन्ही शारदा, गणपति की है देन ।
परंपरा उज्ज्वल जिसे, सुंदर उसका बैन ।।

हिन्दी हमरी मातु है, हमको देती ज्ञान ।
देकर दैवी संस्कृति, दूर करे अज्ञान ।।

संस्कृत वाणी की सुता, उर्दू की है मात ।
नौ रस से जो पृक्त है, ज्ञानी जन को ज्ञात ।।

देवनागरी है लिपी, पवित्र हैं उच्चार ।
गद्य पद्य व्यवहार में, छंद राग शृंगार ।।

संस्कृत की ये उपनदी, अमृत इसका तोय ।
उर्दू नदी समा गई, गहरी नदिया होय ।।

नवम सदी में हो गए, कविवर गोरखनाथ ।
हिन्दी भाषा फिर बढ़ी, बरदाई के साथ ।।

तुलसी मीरा जायसी, कबीर रामानंद ।
सूरदास रैदास के, पद दीन्हे आनंद ।।

दोहा रोला कुंडली, चौपाई के संग ।
कवित्त सोरठ छंद से, हिन्दी पद में रंग ।।

हिन्दी भाषा सुगम है, कहते संत सुजान ।
चारु मनोरम सुखद है, जिन्हें काव्य का ज्ञान ।।

सुरस सुलभ सुखकार है, जग में भाषा एक ।
हिन्दी वह शुभ नाम है, जानत हैं जन नेक ।।

हिन्दी में जो शान है, और न पायी जाय ।
हिन्दी जो है जानता, वही समझ यह पाय ।।

ऐसा कोई देश ना, जहाँ न हिन्दी लोग ।
जहाँ काव्य संगीत में, हिन्दी का न प्रयोग ।।

अलंकार से जो भरी, तुमने, हे वागीश! ।
हिन्दी भाषा दी हमें, धन्यवाद, जगदीश! ।।

हिन्दी भाषा से हमें, रहे सदा ही प्यार ।
हिन्दी भाषा को नमो, नमः कहो शत बार ।।

✍ दोहा छंद की व्याख्या

♫ <u>नंद किशोर दोहावली छन्दमाला, मोती 1</u>

दोहा छन्द

8 + ऽ।ऽ + 7 + ।ऽ।

भक्ति काव्य का छन्द ये, मीठा बहुत सुहाय ।
तेरह–ग्यारह मत्त का, 'दोहा' इति कहलाय ।। 25

♫ सा–सा सा–सा सा– रे–ग म–, प–प– धपम गम–म ।
सा–सासा रे–रेरे ग–पम–, प–प धप मगम–म ।।

✍ **दोहा छन्द :** (दोग्धि चिन्तामिति दोहाः) दोहा शब्द संस्कृत √दुह् धातु से बना है । यह एक 24 मात्रा का मात्रिक छन्द है । श्लोक के समान इसमें भी चार चरण होते हैं और यह भी अर्धसम छन्द है । **<u>मात्रा को मत्त, मत्ता, कल अथवा कला भी कहते हैं</u>** ।
विशेष यह कि, दोहे में : (1) विषम चरणों की 13 कल, मत्त अथवा मात्राएँ होती हैं । अंतिम वर्ण दीर्घ होता है । (2) सम चरणों की 11 मात्राएँ होती हैं । अंतिम वर्ण लघु होता है । (3) विषम चरणों के अंत में ज गण (। ऽ।) नहीं आना चाहिये । (4) सम चरण के अंत में ज गण (। ऽ।) और विषम चरण के अंत में र गण (ऽ। ऽ) उत्तम होता है । (5) अन्य वर्णों के लिए मात्रिक बन्धन नहीं है । इस मात्रिक स्वातंत्र्य के कारण दोहों में विविध चालें प्राप्त होतीं हैं । दोहों में लिखी कविताओं के पदों में इस गण–विविधता के कारण इस छन्द की विस्तृततम रचना भी उकतावनी नहीं होती है । (6) किसी भी केवल एक ही मात्राक्रम में कविता के सभी दोहे नहीं लिखे जाते ।

दोहा : 13 + 11 मात्रा, **<u>दोही</u>** 15 + 11 मात्रा

दोहे में पद 1, 3 के अंत में ज (0 – 0) नहीं हो. अंत में स (0 0 –), र (– 0 –) अथवा न (0 0 0) पड़े. पद 2, 4 के अंत में लघु हो. ज गण (0 – 0) अच्छा, अथवा त (– – 0) पड़े.

सम कल के आगे सम कल और विषम कल के आगे विषम कल

अतः 1, 3 के आदि में ज (0 – 0) नहीं हो, वरना वह **<u>चंडालिनी छंद</u>** होगा.

दोहा (13, 11) मात्रा का होता है. उससे उल्टा (11, 13) मात्रा का <u>**सोरठ**</u> छंद है ।

दोहा छंद के 23 प्रकार

(कोई भी श्रेष्ठ काव्य वाङ्मय केवल एक ही छंद में नही लिखा जाता)

(दोहा = 48 = 13, 11 + 13, 11 मात्रा)

1.	22 गुरु	+	4 लघु	=	भ्रमर दोहा छंद
2.	21 गुरु	+	6 लघु	=	सुभ्रमर दोहा छंद
3.	20 गुरु	+	8 लघु	=	शस्त्र दोहा छंद
4.	19 गुरु	+	10 लघु	=	श्येन दोहा छंद
5.	18 गुरु	+	12 लघु	=	मंडुक दोहा छंद
6.	17 गुरु	+	14 लघु	=	मर्कट दोहा छंद
7.	16 गुरु	+	16 लघु	=	करभ दोहा छंद
8.	15 गुरु	+	18 लघु	=	नर दोहा छंद
9.	14 गुरु	+	20 लघु	=	हंस दोहा छंद
10.	13 गुरु	+	22 लघु	=	मदुकल दोहा छंद
11.	22 गुरु	+	24 लघु	=	पयोधर दोहा छंद
12.	22 गुरु	+	26 लघु	=	चल दोहा छंद
13.	22 गुरु	+	28 लघु	=	वानर दोहा छंद
14.	22 गुरु	+	30 लघु	=	त्रिकल दोहा छंद
15.	22 गुरु	+	32 लघु	=	कच्छप दोहा छंद
16.	22 गुरु	+	34 लघु	=	मच्छ दोहा छंद
17.	22 गुरु	+	36 लघु	=	शार्दूल दोहा छंद
18.	22 गुरु	+	38 लघु	=	अहिधर दोहा छंद
19.	22 गुरु	+	40 लघु	=	व्याल दोहा छंद
20.	22 गुरु	+	42 लघु	=	बिडाल दोहा छंद
21.	22 गुरु	+	44 लघु	=	श्वान दोहा छंद
22.	22 गुरु	+	46 लघु	=	उदर दोहा छंद
23.	22 गुरु	+	48 लघु	=	सर्प दोहा छंद

1. Shri Krishna's Graduation from Gurukul (Krishna's Childhood)

सर्ग १

श्रीकृष्ण के गुरुकुल समापन की कथा

1. Shri Krishna's Graduation from Gurukul (*Krishna's Childhood*)

♫ बाल कृष्ण दोहावली छन्दमाला, मोती 2

पुष्प छन्द[2]

(नटखट)

मन हर नट वर! जय जय जय हरि! ।
सुर पति गिरि धर! तुम 'मधु' 'मुर' अरि ।।

श्लोकाः

शृणुतां शिवपार्वत्यौ रोचिकामपरां कथाम् ।
नारदेन यथा दृष्टा रत्नाकरेण लिख्यते ।।

अद्भुतं कृष्णलीलानाम्-अनुपमं मनोरमम् ।
वर्णनं सुखदं गेयं ज्ञानदमथ सुन्दरम् ।।

अद्य जन्मदिनं चास्ति कृष्णस्य दशमं शुभम् ।
गुरुकुले महापर्व मोदो वृन्दावने तथा ।।

राधा च रोहिणेयश्च सुदामा गोपबालकाः ।
क्रीडन्सन्ति यशोदा च जन्मदिनमहोत्सवे ।।

कथा

दोहा॰ सुनिए माता-पार्वती! रोचक वर्णन अद्य ।

---

[2] **पुष्प छन्द** : इस दो वर्ण, 2 मात्रा वाले अत्युक्था छन्द के चरण में दो लघु वर्ण आते हैं । इसका लक्षण सूत्र ।। इस प्रकार है । इसमें चरणान्त विराम होता है ।

▶ लक्षण गीत : **दोहा॰ दो वर्णों का जो बना, दो लघु मात्रा वृंद ।**
अत्युक्था मृदु वर्ग का, "पुष्प" सुगंधित छंद ।।

1. Shri Krishna's Graduation from Gurukul (Krishna's Childhood)

नारद की वाणी यथा, रत्नाकर के पद्य ।।

अद्भुत-लीला कृष्ण की, सुनिए, भोलेनाथ! ।
गीत गेय सुंदर रचे, छंद विविध के साथ ।।

सुनिये भगतों अब कथा, बाल किशन की और ।
जिसमें जादू भरत हैं, मुकुंद नंदकिशोर ।।

जन्म दिवस है कृष्ण का, दसवाँ पावन आज ।
वृंदावन में मोद है, व्रज में मंगल साज ।।

वृंदावन में कृष्ण के, स्वागत की है शाम ।
राधा सुंदर है सजी, रास रचत बलराम ।।

(उस शुभ दिन)

✍दोहा॰ सूर्य प्रतीक्षा कर रहा, जब दे मुर्गा बाँग ।
छोड़ूँ अश्व रश्मि के, स्वैर क्षितिज को लाँघ ।।

सुन कर पहली बाँग वो, निकले घोड़े स्वैर ।
धरती-अंबर तक नहीं, अंधकार की खैर ।।

मिटा अँधेरा जगत से, क्षितिज गुलाली लाल ।
विश्व प्रकाशित होगया, मंगल प्रातःकाल ।।

सृष्टि जग उठी नींद से, मुदित हुए सब जीव ।
नर नारी पशु खग सभी, जग कर हुए सजीव ।।

नील झील के नीर पर, किरणों का आघात ।
चमक उठे जल बिंदु सब, पद्म पुष्प मन भात ।।

सौरभ सुंदर सुमन का, भरा दिशाएँ चार ।
गंधर्वों के गान से, कंज कंज करतार ।।

दिन यों निकला भाग्य का, व्रज में अनुपम भोर ।
आज हुआ दश वर्ष का, कान्हा नंद किशोर ।।

1. Shri Krishna's Graduation from Gurukul (Krishna's Childhood)

(चौपाई)

गौरी शंकर सुनिए आगे, कृष्ण कथा के रोचक धागे ।
वृंदावन को कृष्ण जा रहा, उसका अब है कथन आ रहा ।।

कब से मार्ग तकत रवि भव का, मुर्गों के कुकड़ूँकूँ रव का ।
प्रथम बाँग वह निकली ज्योंही, रश्मि रवि ने छोड़ी त्योंही ।।

हय रश्मि के रवि के रथ के, दौड़े निकले धरती पथ पे ।
प्रकाश धूली आसमंत में, बिखरी तुरंत सब दिगंत में ।।

अंशु प्रभा से जला अँधेरा, मंगल मय फिर हुआ सवेरा ।
सोए प्राणी जागे प्रमुदित, सृष्टि चराचर कर के पुलकित ।।

नील झील के शीत नीर पर, पद्म पुष्प के पर्ण हरित पर ।
अंबु बिंदु के मोती बिखरे, सूर्य किरण में चमके हीरे ।।

प्रसून सौरभ पवन मंद से, भरी चतुर्दिश मधुर गंध से ।
क्षितिज वलय भूमंडल पर नव, खग गंधर्वों का मंजुल रव ।।

दिन यूँ निकला, हरि जय जय! का, व्रज जन गण के भाग्योदय का ।
आज समापन गुरुकुल सेती, सबके नयनन अँसुअन मोती ।।

हरि गुरुकुल उत्तीर्ण भया है, पठन कार्य को पूर्ण किया है ।
गुरुकुल के शिशु शिक्षक सारे, बोले, "जय जय श्रीधर प्यारे!" ।।

वन में सुकून फिर बहाल है, सांदीपनि हरि पर निहाल हैं ।
देना जो था दीर्घ काल में, लिया किशन ने चार साल में ।।

वेद वेदांग उपनिषद् सारे, विद्या योग कला की धारें ।
गुरुचरणों में अवगत कीन्हे, धन्यवाद तिन अविरत दीन्हे ।।

 नंद किशोर दोहावली गीतमाला, पुष्प 4

(वृंदावन को चला कन्हैया)

स्थायी

वृंदावन को चला कन्हैया, इन्तजार में राधा, मैया ।

1. Shri Krishna's Graduation from Gurukul (Krishna's Childhood)

अंतरा–1

व्रज जन गण सब खड़े राह में, हरि दरशन की बड़ी चाह में ।
प्रेम अश्रु हैं दुखी नयनन में, भर आया हरि हर हिरदय में ।
कृष्णचंद्र है भव–जल नैया, इन्तजार में राधा, मैया ।।

अंतरा–2

गंध सुगंधित, रंग सुमंडित, गोप गोपिका, मोद पुलकित ।
घंटी निरंजन धर कर, कर में, आरती मंगल, हर घर–घर में ।
गान गात बलदाऊ भैया, इन्तजार में राधा, मैया ।।

अंतरा–3

हरि जय जय का, घोष विजय का, हाथ पताका, हार मल्लिका ।
बाँसुरी का रव बोले सुर में, धरती अंबर डोले धुन में ।
मंत्र मुग्ध व्रज प्रभु करैया, इन्तजार में राधा, मैया ।।

(गुरुकुल)

दोहा० गुरुकुल में भी हर्ष है, आज दिवस अति खास ।
कृष्ण हुआ उत्तिर्ण है, पूर्ण हुआ अभ्यास ।।

सांदीपनि मुनि हृष्ट हैं, गुरुकुल के सब छात्र ।
योग अवगत कृष्ण को, योगेश्वर है पात्र ।।

सब छात्रों ने जय कही, जय! जय! कृष्ण कुमार ।
सांदीपनि मुनि ने दिया, ढेर कृष्ण को प्यार ।।

जो पाना था जनम में, लिया साल में चार ।
वेद योग विद्या सभी, कला ज्ञान भँडार ।।

नंद किशोर दोहावली गीतमाला, पुष्प 5

राग देस, कहरवा ताल 8 मात्रा

(सरस्वती वन्दना)

स्थायी

झनन झन वीणा की झनकार, हटाए भगतन का मनभार ।

अंतरा–1

1. Shri Krishna's Graduation from Gurukul (Krishna's Childhood)

मंगल सुंदर गान तिहारे, आकर दो दीदार ।
नयनन प्यासे प्यास बुझावे, पावन रूप तिहार ।।

अंतरा–2

ज्ञान की देवी दान कला का, परम तेरा उपकार ।
रूप सलोना हाथ में वीणा, शारद नाम तिहार ।।

अंतरा–3

जीवन ये संगीत सुहाना, गीत करो साकार ।
माँ! ममता का दीप जगाके, दूर करो अंधकार ।।

(जन्म दिवस)

दोहा॰ जन्म दिवस है कृष्ण का, उत्सव व्रज में आज ।
गुरुवर ने आशिष दिये, शिर पर रख कर हाथ ।।

मुनिवर नारद ने दिये, मंगल आशीर्वाद ।
बधाइयाँ सब छात्र ने, नारद मुनि के बाद ।।

नंद किशोर दोहावली गीतमाला, पुष्प 6

राग केदार, कहरवा ताल 8 मात्रा

(वृंदावन में उत्सव)

स्थायी

छमक छमक छम पायल बोले, कान के चंचल झुमके डोले ।
श्यामसुंदर सह राधा नाचे ।।

अंतरा–1

वृंदावन में आज खलबली, साज नाच अरु आंखमिचौली ।
मौज मोद से खेलत होली ।।

अंतरा–2

व्रज में नाद है, होली है होली, संग गोपियों के वनमाली ।
गीत हैं गावत दे कर ताली ।।

अंतरा–3

इंद्रधनुष सी चली पिचकारी, रंग फुहारों की मतवाली ।
सात रंग संग लाल गुलाली ।।

1. Shri Krishna's Graduation from Gurukul (Krishna's Childhood)

अंतरा–4

रात जब जली व्रज में होली, कृष्ण की सबने जै जय बोली ।
राधा जिसमें पूजित हो ली ।।

(वृंदावन में)

दोहा॰ व्रजवासी भी जन सभी, कीन्हा बहु सत्कार ।
वृंदावन में हर्ष है, आनंद की फुहार ।।

वृंदावन हरि आरहा, आज मचाओ शोर ।
नाचें–गाएँगे तथा, राधा–नंदकिशोर ।।

नंद किशोर दोहावली गीतमाला, पुष्प 7

राग काफी, कहरवा ताल 8 मात्रा

(कृष्ण जनम–दिन)

स्थायी

झनक झनक झन्, रैना सारी बाजे, पायल की झनकार, री ।
सखी राधा के मन प्यार, री ।।

अंतरा–1

जनम–दिन है आज हरि का, वृंदावन त्यौहार, री ।
गल फूलन के हार है डारे, लाल पीले रंग दार, री ।
सारी कुंज गलिन में, हरि की जै जै कार, री ।।

अंतरा–2

मोर मुकुट है शीश पे धारे, बंसीधर गोपाल, री ।
कर में मुरली नैन हैं कारे, तिलक चंदन लाल, री ।
आज राधा से मिलने, मनवा है बेकरार, री ।।

दोहा॰ जन्म दिवस है कृष्ण का, व्रज जन में उल्लास ।
गोप–गोपियाँ ग्राम के, आज रचेंगे रास ।

हार गले में डाल कर, पीले नीले लाल ।
वृंदावन में आगये, बंसीधर गोपाल ।।

1. Shri Krishna's Graduation from Gurukul (Krishna's Childhood)

आएँगे श्रीकृष्ण जी, मोर मुकुट को धार ।
राधा गोपी की बजे, पायल की झनकार ।।

नंद किशोर दोहावली गीतमाला, पुष्प 8

खयाल : राग वृदावनी सारंग, तीन ताल 16 मात्रा

(कंगन खन खन)

स्थायी

कंगन खन खन गूँज रचायो, सुन धुन मेरो जीया हरषायो ।

अंतरा–1

घूँघर बोलत कुंडल डोलत, पायल छम–छम धूम मचायो ।

अंतरा–2

सुंदर सूरत मंगल मूरत, झाँझन झन झन धुन बजायो ।

नंद किशोर दोहावली गीतमाला, पुष्प 9

राग मालकौंस : तीन ताल 16 मात्रा

(प्रेम गीत)

स्थायी

दिल धड़क धड़क बोले मेरो, अजि कहने दो जो कहना हो ।
मुझे अपने दिल का कोना दो ।।

अंतरा–1

गीत पुराना याद आता हो, दिल से दिल का नाता हो ।
अजि, बात तिहारी एक नज़र की,
फेर के मुख रुख़ यों ना दो ।।

अंतरा–2

रात गुजारी दीवाने ने, बैठ शमा पर परवाने ने ।
आज तुम्हारे साथ जलूँ मैं,
मीत को तुम दुख यों ना दो ।।

1. Shri Krishna's Graduation from Gurukul (Krishna's Childhood)

नंद किशोर दोहावली गीतमाला, पुष्प 10

खयाल : राग हिंडोल,[3] तीन ताल 16 मात्रा

(राधा नाचे)

स्थायी

छुमक छुमक घुँऽऽघऽरू बोऽलेऽ।
सखी रीऽ, गुत[4] राऽधाऽ कीऽ डोऽलेऽ।।

अंतरा–1

फूल जुहीऽ के, मोतियन की माऽलाऽ ।
नयनन सुरमई काऽजल काऽलाऽ ।।

नंद किशोर दोहावली गीतमाला, पुष्प 11

राग मालकौंस, कहरवा ताल 8 मात्रा

(प्रेम गीत)

स्थायी

हाय रे! अदा तोरी क़ातिल, ओऽ बरसाने की रधिया! ।

अंतरा–1

मुड़ मुड़ काहे को, मारे नज़रिया ।
काट करजवा को ले गई, होऽ गोरी ग्वालिन गुड़िया ।।

अंतरा–2

चुप–चुप जाऊँ मैं जमुना की नदिया ।
मार कंकरिया वो फोरी, होऽ कान्हा मोरी गगरिया ।।

अंतरा–3

---

[3] **राग हिंडोल :** यह कल्याण ठाठ का राग है । इसका आरोह है : सा ग, मं ध नि सां । अवरोह है : सां नि ध, म ग सा ।

▶ लक्षण गीत : **दोहा॰ निषाद वक्र, म तीव्र हो, वर्ज्य रे प के बोल ।**
ध ग वादि संवाद से, बने राग "हिंडोल" ।।

[4] **गुत** : चोटी, वेणी ।

1. Shri Krishna's Graduation from Gurukul (Krishna's Childhood)

नट खट आयो री मोरी डगरिया ।
धरके कलाई बरजोरी, होऽ कीन्ही रार कनईया ।।

 नंद किशोर दोहावली गीतमाला, पुष्प 12

राग काफी, कहरवा ताल

(राधा गीत सुनाए)

स्थायी

राधा गीत सुनाए री, सखी! कान्हा कहाँ है ।

अंतरा–1

नूपुर घुँघरू पाँव में डाले, हाथ में कंगन पाए ।
बादल बरखा सावन वाले, गीत सुहाने गाए ।
ढूँढत नंद कुमार को, राधा कुंज गलिन में ।।

अंतरा–2

मोर पपीहा नाचे डोले, राधा ताल मिलाए ।
कोयल अंबुआ कूहु बोले, राधा हरि को बुलाए ।
ढूँढो री नंदलाल को, सखी कान्हा को वन में ।।

अंतरा–3

ग्वाल बाल सारे व्रज वाले, ताली साथ बजाए ।
गोपी ग्वालिन सब ब्रिजबाला, राधा को समझाए ।
हरि बिन है बेकरार री, हरि राधा के मन में ।।

 नंद किशोर दोहावली गीतमाला, पुष्प 13

(गुरुकुल समापन की कथा)

स्थायी

स्वरदा ने सुंदर गाया है, नारद ने साज बजाया है ।
रतनाकर गीत रचाया है ।।

अंतरा–1

दिन अंतिम ये गुरुकुल का है, सखी! बाजा मंजुल धुन का है ।

1. Shri Krishna's Graduation from Gurukul (Krishna's Childhood)

मुनि नारद तुंबर आए हैं, शिव गौरी आशिष लाए हैं ।
आज कान्हा सिद्धि पाया है ।।

अंतरा–2

श्री हरि पर गुरुवर प्रसन्न हैं, मुनिवर बोले हरि! तू धन्य है ।
हरि कर्म धर्म पहिचाने है, सद् भक्ति–भाव सब जाने है ।
हरि "योगेश्वर" कहलाया है ।।

अंतरा–3

आज वृंदावन में मेला है, हरि जन्म दिवस का खेला है ।
बाजे मिरदंग ढोल तंबूरा है, डफली झाँझर संतूरा है ।
सखी! इन्द्र देव शरमाया है ।।

2. Story of naughty Shri Krishna (Krishna's Childhood)

सर्ग २

नटखट मुरली मनोहर की कथा

2. Story of naughty Shri Krishna (*Krishna's Childhood*)

♪ नंद किशोर कृष्णायन छन्दमाला, मोती 3

शालिनी छन्द[5]

ऽ ऽ ऽ, ऽ ऽ।, ऽ ऽ।, ऽ ऽ

(मटकी फोड़)

कैसे लाए नीर ग्वालीन गोरी ।
कान्हा रोड़ी मार कामोर फोरी ।। 1
भीगी राधा की चुनैया गुलाबी ।
राधा गालों पे सजायी गुलाली ।। 2

ॐ श्लोकाः

प्रत्यागतः सखा कृष्णो वृन्दावने जनप्रियः ।
यशोदानन्दनन्दः स योगेश्वरो विनोदकः ।।

गोप्यो वृन्दावने गोपाः क्रीडन्ति विलसन्ति च ।
रासे नृत्यन्ति गायन्ति कृष्णश्च व्रजवासिनः ।।

घटं नीत्वा यदा गोपी गच्छति यमुनातटे ।
अश्मखण्डं स प्रक्षिप्य तस्या भनक्ति गर्गरीम् ।।

📖 कथा 📖

---

[5] **शालिनी छन्द** : इसके चरणों में 4, 7 के ग्यारह वर्ण, 20 मात्रा होती हैं । इस में म त त गण और दो गुरु वर्ण आते हैं । इसका लक्षण सूत्र ऽ ऽ ऽ, ऽ ऽ।, ऽ ऽ।, ऽ ऽ इस प्रकार होता है ।

▶ लक्षण गीत : ✍ **दोहा॰ बनता मात्रा बीस से, दो गुरु मत्ता अंत ।**
जहाँ म त त गण हों सजे, वहाँ "शालिनी" छंद ।।

2. Story of naughty Shri Krishna (Krishna's Childhood)

(पनघट)

दोहा॰ कैसे जावे राधिका, गोपी जमुना तूर ।
कान्हा मारत कंकरी, कैसे लावे नीर ।।

कान्हा रोकत राह है, ताने मारत रोज ।
छुप कर बैठा है कहाँ, राधा करती खोज ।।

नंद किशोर कृष्णायन गीतमाला, पुष्प 14

खयाल : राग भैरवी, तीन ताल 16 मात्रा

(मार कंकरिया)

स्थायी

मार कंकरिया फोरी गगरिया ।
भीग गई रे कान्हा, मोरी चुनरिया ।

अंतरा–1

जमुना से मैं सखी, अपनी डगरिया ।
नीर नयन की न, लीन्ही खबरिया ।।

अंतरा–2

जमुना का नीर न, मोरी गगरिया ।
कैसी अब जाऊँ सखी, अपनी अटरिया ।।

दोहा॰ धरत कलाई जबरिया, कान्हा करता रार ।
कान्हा रोकत डगरिया, भीगी चुनरी लाल ।।

मैं कान्हा से ना लड़ूँ, मुझको उससे प्यार ।
नंदलाल! बिनती करूँ, मैंने मानी हार ।।

नंद किशोर कृष्णायन गीतमाला, पुष्प 15

(कैसे पनिया भरूँ)

स्थायी

कैसे पनिया भरूँ मैं नन्दलाल । तोरे, पैंया परूँ मैं, गोपाल! ।।

अंतरा–1

2. Story of naughty Shri Krishna (Krishna's Childhood)

पनघट पर धरी मोरी कलाई, हाथ छुराऊँ कान्हा करत लराई ।

मैं तो, रो-रो कर बेहाल ।।

अंतरा-2

राह में मोरी मटकी फोरी, कहे मैं काला तू काहे गोरी ।

सखी! चूम लियो मेरो गाल ।।

अंतरा-3

मैया कहे हरि आँख का तारा, काहे लगावे शिकवे ब्रज सारा ।

राधे! लीला दिखावे मेरो लाल ।।

नंद किशोर कृष्णायन गीतमाला, पुष्प 16

खयाल : राग तोड़ी,[6] तीन ताल 16 मात्रा

(बरसे रंग)

स्थायी

बरसे रंग, चुनरिया पर, बरसे रंग ।

अंतरा-1

लाल सुरख मोरी भीगी चुनरिया ।

लज कर ओढ़ी साँवरिया, रंग ।।

अंतरा-2

रंग रलित मोरी गीली चुनरिया ।

तन संग लागी साँवरिया, रंग ।।

दोहा॰ कान्हा आवे स्वप्न में, समझाने को मोय ।

मैं फिर बोलूँगी उसे, मैं चाहूँ रे! तोय ।।

---

[6] **राग तोड़ी** : यह तोड़ी ठाठ का राग है । इसका आरोह है : सा रे ग, म ध, प, म ध नि सां । अवरोह : सां नि ध प, म ग, रे ग रे सा ।

▶ लक्षण गीत : **दोहा॰ रे ग ध कोमल तिव्र मा, ध ग वादी संवाद ।**

तानसेन ने जो रचा, "तोड़ी" राग सु-वाद ।।

2. Story of naughty Shri Krishna (Krishna's Childhood)

नंद किशोर कृष्णायन गीतमाला, पुष्प 17

(राधा)

स्थायी

री रधिया, बै के मेरे कोल, बोल तू, मीठे मीठे बोल ।

अंतरा–1

बंद बंद क्यों, मुख मंडल है, ओढ़ा क्यों तूने आंचल है ।
मुख से परदा खोल, राधिके, बोल तू मीठे बोल ।।

अंतरा–2

मंद मंद शीतल पुरबाई, अरज करत हैं कृष्ण कनाई ।
नीर न अँखियन डोल, राधिके, बोल तू मीठे मीठे बोल ।।

अंतरा–3

नंद नंद वृंदावन जन हैं, कुंज गलिन में नंदनवन है ।
बाजे मन का ढोल, राधिके, बोल तू मीठे मीठे बोल ।।

नंद किशोर कृष्णायन गीतमाला, पुष्प 18

खयाल : राग पीलू, तीन ताल 16 मात्रा

(राधा)

स्थायी

धक धक धरकत मोरा जिया,
आज खिलि हैं मन फुलझरियाँ ।

अंतरा–1

सावन की ये रिम झिम झरियाँ, सुमन की कलियाँ, छम–छम चुरियाँ ।
पागल मोहे पिया, करत हैं सखियाँ ।।

(सुदामा)

दोहा॰ बाल कृष्ण का मित्र था, जिसे सुदामा नाम ।
"कुचेल" देते सब उसे, गुरुकुल में उपनाम ।।

सदा कृष्ण के संग वो, करता नटखट काम ।
मित्र कहत कान्हा उसे, सभी कृष्ण को प्राण ।।

2. Story of naughty Shri Krishna (Krishna's Childhood)

नंद किशोर कृष्णायन गीतमाला, पुष्प 19

(नटखट श्याम)

स्थायी

री रधिया नटखट तोरा शाम ।

अंतरा–1

राहें रोकत टोकत कान्हा, डारत डोरे मारत ताना ।
व्रज सारा मोहे कियो बदनाम ।।

अंतरा–2

बाँह पकड़ मोरी कीन्ही बरजोरी, कंकर मारी गगरिया फोरी ।
हार गई मैं तो का करूँ राम ।।

अंतरा–3

बाजे बाँसुरी मीठी कटारी, चीरत निरदई छतिया हमारी ।
पनघट पर सखी सु–र ललाम ।।

अंतरा–4

पीत पितांबर कमरिया कारी, मंगल रूप की लीला सारी ।
चार चाँद लगे नंद के धाम ।।

नंद किशोर कृष्णायन गीतमाला, पुष्प 20

राग खमाज

(राधा दीवानी)

स्थायी

मुरलीधर की मुरली है राधा, श्याम मनोहर राधारमण की ।

अंतरा–1

वृंदावन की कुंज गलिन में ।
कान्हा की मूरत राधा के मन में ।।

अंतरा–2

नंद याशेदा गोप सुगमा, नाचत राधा संग बलरामा ।

अंतरा–3

व्रज भूमि में धुन मुरली की, अनहद मंगल जादू फेरी ।

अंतरा–4

राधा मुरली की बलिहारी, बंसीधर की बंसी प्यारी ।।

नंद किशोर कृष्णायन गीतमाला, पुष्प 21

(दीवानी)

स्थायी

बजावे बंसी कान्हा, रे ताली दे सुदामा ।
देखो जी गोपी राधा, दीवानी होगई ।।

अंतरा–1

बोले नंद बाबा, री सुनो जसो मैया ।
देखो री तोरी राधा, सयानी होगई ।।

अंतरा–2

बलदाऊ भैया, हो संग में कन्हैया ।
हो गोपियों की रैना, सुहानी होगई ।।

अंतरा–3

देखे कृष्ण लीला, हो व्रज वो रंगीला ।
हरि–बलीहारी, भवानी होगई ।।

(फिर भी)

दोहा॰ **राधा कहती कृष्ण को, प्यारा तेरा साथ ।**
लगता प्यारा है सदा, तज मत मेरा हाथ ।।

मुझे चिढ़ात तू सदा, फिर भी तुझसे प्रीत ।
तू ही हमरा प्राण है, तू ही सच्चा मीत ।।

नंद किशोर कृष्णायन गीतमाला, पुष्प 22

राग आसावरी (बाल किशन)

स्थायी

बाल किशन के बालों में काले, राधा डाले बल घुँघराले ।

अंतरा–1

तैल सुगंधित केश सुमंडित, फूल सुरंगित सुंदर वाले ।

अंतरा–2

लाल चमेली कोमल कलिका, गुल गुलाब के हार में डाले ।

अंतरा–3

मोर मुकुट में मोहन शोभे, राधा के मुख हास उजाले ।

(और)

दोहा॰ **जल क्रीड़ा में गोपिका, कान्हा वस्त्र चुराय ।**
लजत सुदामा गोप है, राधा मन मुस्काय ।।

नंद किशोर कृष्णायन गीतमाला, पुष्प 23

धृपद चौताल : राग तिलक कामोद, 12 मात्रा

(रास)

स्थायी

रास रचत श्री गोपाल, राधा रमण नंदलाल ।
बंसी मधुर, मंद चाल, संग गोप सारे ।।

अंतरा–1

गीत ललित सुगम ताल, तिलक भाल रंग लाल ।
मोर मुकुट, पुष्प माल, गोल नयन कारे ।।

(नटखट कान्हा)

दोहा॰ **मैया! मैया! कृष्ण है, कैसा माखन चोर ।**
ऊँची लटकी मटकिया, गगरी फोड़त मोर ।।

मैया बोली, का करूँ, मानत नाही मोर ।
कान्हा मोरा लाड़ला, सबका है चितचोर ।।

ॐ श्लोकौ

वेण्वा कृष्णस्य गोप्यश्च मुग्धा गोपाश्च धेनवः ।
चोरयति सखा कृष्णः नवनीतं सबालकैः ।।

अपहरति वस्त्राणि गोपीनां जलक्रीडने ।
कृष्णस्तथाऽपि सर्वेषां प्रियतमश्च वल्लभः ।।

2. Story of naughty Shri Krishna (Krishna's Childhood)

 नंद किशोर कृष्णायन गीतमाला, पुष्प 24

राग भीमपलासी

(माखन चोरी)

स्थायी

माखन चोरी किसका है काम, गोपी के मुख में कृष्ण का नाम ।
देखे बिना, हरि पर इलजाम, कान्हा को करती बदनाम ।।

अंतरा–1

कान्हा गोपन को संग लायो, आँख बचा कर चुप-चुप आयो ।
दूध दही मेरो माखन खायो, सपनन में मेरो घनश्याम ।।

अंतरा–2

ऊँची छींके पर थी लटकी, कान्हा फोड़ी माखन मटकी ।
आपन खायो सबन खिलायो, नजर न आयो मोहे श्याम ।।

अंतरा–3

गोपी गई मैया को बताने, नटखट की चोरी को जताने ।
वापस घर आई तो जाने, सब ज्यों का त्यों ही सामान ।।

नंद किशोर कृष्णायन गीतमाला, पुष्प 25

कीर्तन : राग भैरवी, कहरवा ताल

(कान्हा)

स्थायी

कृष्णा कहो, कहो कान्हा, केशव कहो, कहो काला ।

अंतरा–1

गोकुल का मुरली वाला, गल में गुलाब की माला ।
मोर मुकुट सिर पर डाला, गोविंद नैन का तारा ।।

अंतरा–2

माखन की करता चोरी, गोपी की मटकी फोरी ।
मैया कहती मैं हारी, मुख हरि का लगता भोला ।।

अंतरा–3

गिरिधर नागर गोपाला, देवकी नंदन है प्यारा ।

2. Story of naughty Shri Krishna (Krishna's Childhood)

राधा उसी की दीवानी, मोहन है नंद का लाला ।।

<u>नंद किशोर कृष्णायन गीतमाला, पुष्प 26</u>

(नटखट की कथा)

स्थायी

स्वरदा ने सुंदर गाया है, नारद ने साज बजाया है ।
रतनाकर गीत रचाया है ।।

अंतरा–1

कैसी जाऊँ जमुना तीर सखी, मोरी राह है कान्हा रोक रखी ।
मोरी गगरी नटखट फोरी री, मोरी धरत कलाई बरजोरी ।
मोहे कान्हा फिर भी भाया है ।।

अंतरा–2

मोरी लाल चुनरिया भीगी री, मोरी चाल है धिगी धीगी री ।
मोहे टोकत कान्हा मीठी री, अरु मारे सुदामा सीटी री ।
मोहे कान्हा नेह लगाया है ।।

अंतरा–3

लाके गोप अटरिया मोरी री, करे कान्हा माखन चोरी री ।
गई जल क्रीड़ा को जब थोरी, कान्हा वस्त्र चुरावे, लजे गोरी ।
कान्हा मीठी बंसी सुनाया है ।।

3. Story of Kaliya's defeat (Krishna's Childhood)

सर्ग ३

कालिया मर्दन की कथा

3. Story of Kaliya's defeat (*Krishna's Childhood*)

♫ नंद किशोर कृष्णायन छन्दमाला, मोती 4

यजमान छन्द[7]

10 + 14

16 + 16 + 14

(कालिया मर्दन)

कान्हा की लीला, देखो! कान्हा की लीला ।
कान्हा तरु से कूद लगाया, दुष्ट साँप ने जहर उगाला ।
हरि का, अंग भया नीला ।। 1
हरि ने अहि का गला दबाया, कालिय–अहि का शीश नवाया ।
पड़ गया, कालिया ढीला ।। 2
अहि के सिर पर नाच दिखाया, मुरली श्रीधर मधुर बजाया ।
सखी री! गिरिधर की लीला ।। 3

ॐ श्लोकः

कंसेन प्रेषितः दुष्टः कालियो यमुनाजले ।
विषेण कालकूटेन हन्तुं कृष्णञ्च प्राणिनः ।। 188/2422

---

[7] **यजमान छन्द** : स्थायी के दो चरण 10–14 मात्रा के, अंतरे के तीन चरण 16–16–14 मात्रा के होते हैं । चरणान्त विराम ।

▶ लक्षण गीत : ✍ **दोहा॰ दो पद कल चौबीस के, मत्त छियालिस, तीन ।**
त्रिपद के "यजमान" में, हृदय रहे तल्लीन ।।

3. Story of Kaliya's defeat (Krishna's Childhood)

नंद किशोर कृष्णायन गीतमाला, पुष्प 27

खयाल : राग दरबारी कान्हड़ा,[8] तीन ताल 16 मात्रा

(जमुना के तीर)

स्थायी

कान्हा जमुना के तीर, पानी में अकेले न जैयो ।
कारो जमुना को नीर ।।

अंतरा

बंसी की धून बजाओ, प्रेम दुलारा राग सुनाओ ।
बाँवरा मोरे मन का कीर ।।

कथा

(कंस दरबार)

दोहा॰ मरा अघासुर, कंस का, मंत्री दुष्ट महान ।
दास पुराना कालिया, आया उसके ध्यान ।।

आज सभा में आगया, बोला क्या है काम ।
मुझे बुलाया क्यों यहाँ, किसके लेने प्राण ।।

(कंस)

कहा कंस ने दास को, बहुत खास है काम ।
जिसके कारण ध्यान में, आया तुमरा नाम ।।

यमुना के दह में बसो, जाकर तुम तत्काल ।
करो विषैला नीर तुम, और बिछाओ जाल ।।

पानी पीने आयगे, नर, पशु, पक्षी, मीन ।
विष पीकर मर जायगे, प्यासे प्राणी दीन ।।

---

[8] **राग दरबारी कानड़ा** : यह आसावरी ठाठ का राग है । इसका आरोह है : नि̣ सा, रे ग रे सा, म प, ध, नि सां । अवरोह है : सां, ध, नि प, म प ग म रे सा ।

▶ लक्षण गीत : **दोहा॰ कोमल जिसमें ग ध नि हों, रे ध वादि संवाद ।**
वह "दरबारी कान्हड़ा," गहन देत है नाद ।।

उन्हें बचाने आयगा, कृष्ण नदी के तीर ।
डस दो उसको तुम, सखे! करो वार गंभीर ।।

(कालिया)

✍दोहा॰ जो आज्ञा है बोल कर, निकल पड़ा वह दास ।
नारद मुनिवर आगये, तभी कंस के पास ।।

कंस ने कहा, देखिये, मुनिवर! मेरा दास ।
मारेगा यह कृष्ण को, मुझको है विश्वास ।।

बने कालिया सर्प ये, महा विषैला नाग ।
जिसको काटे कालिया, वह न सके फिर भाग ।।

(नारद जी)

✍दोहा॰ मुनिवर बोले कंस को, बनो न ऐसे क्रूर ।
निरपराध को मारना, तुमको नहीं जरूर ।।

मूक जीव को मार कर, तुम्हें लगेगा पाप ।
दया दिखाओ, हे प्रभो! मत भेजो वह साँप ।।

(कंस)

✍दोहा॰ हँस कर बोला कंस वो, मुनिवर! सुनलो आज ।
नर पशु पक्षी मार कर, हमें न आती लाज ।।

हमने मारे थे कई, गोकुल वासी बाल ।
उनके आगे जीव ये, किस माई के लाल ।।

मारो-काटो दो व्यथा, करें न वे आवाज ।
पाप-पुण्य कछु बात ना, यही कंस का राज ।।

दास हमारा जा चुका, करने अपना काम ।
सफल हमारा खेल है, निश्चित है अंजाम ।।

(नारद जी)

✍दोहा॰ मुनिवर बोले कंस को, "आगे वाला खेल," ।
देख चुका हूँ मैं उसे, "गया है लाने तेल" ।।

3. Story of Kaliya's defeat (Krishna's Childhood)

नृपवर! आँखें खोल दो, हार रहे हो खेल ।
दीप तिहारा बुझ रहा, खतम हो रहा तेल ।।

चाल तुम्हारी ना चले, जैसे पिछली बार ।
होगे असफल तुम पुनः, पुनः मिलेगी हार ।।

आज पूतना है नहीं, उसे लेगया काल ।
आज तृणाव्रत भी नहीं, हुआ वही है हाल ।।

वत्सासुर भी मर गया, सुनी न तुमने बात ।
मरा बकासुर, व्यर्थ ही, मरा अघासुर भ्रात ।।

आज कालिया जा रहा, होगा वह बेहाल ।
बता रहा हूँ मैं तुम्हें, मानो तुम तत्काल ।।

समझो नृपवर! बात को, क्यों कर आतमघात ।
भेजोगे किसको सखे! इस पागल के बाद ।।

समझाया मुनि ने उसे, कह कर बारंबार ।
मगर न माना बात वो, ना माना आभार ।।

मुनिवर बोले बाद में, सुनलो नृपवर! आप ।
क्षमा माँगलो कृष्ण से, करके पश्चाताप ।।

केशव दयालु देव हैं, हर लेते हैं पाप ।
जाओ उसके पास तुम, रटो कृष्ण! का जाप ।।

ॐ श्लोकौ

पुनः प्राप्स्यसि नैराश्यं पापं त्वं तात मा कुरु ।
गच्छ त्वमविलम्बेन कृष्णस्य शरणं व्रज ।।

प्रभुर्हरति दुःखानि दुर्दैवं पातकानि च ।
कृपाङ्कृष्णस्य प्राप्नोषि पश्चातापो यदा भवेत् ।।

(फिर)

✍ दोहा॰ दे कर इतना, प्रेम से, कंसराज को ज्ञान ।

नारद मुनिवर होगए, नभ में ध्तंर्धान ।।

नंद किशोर कृष्णायन गीतमाला, पुष्प 28

(कृपालु कृष्ण)

स्थायी

शरणागत पर कृपा करेंगे, पछताए पर दया धरेंगे ।
हरि किरपाल कृपालु हैं, दीन दयाल दयालु हैं ।।

अंतरा-1

गजेंद्र को हरि जल से बचायो, मृगेंद्र नरहरि रूप बनायो ।
उन पर हरि किरपालु हैं, भगतन जो शरधालु हैं ।।

अंतरा-2

देवी अहल्या आप उबारे, रत्नाकर के पाप उतारे ।
हरि अघ उनके बिसरालु हैं, भगतन जो शरधालु हैं ।।

अंतरा-3

सुग्रीवकपि को राज दिलायो, विभीषण को प्रभु ताज दिलायो ।
हरि पत उनकी सँभालु हैं, भगतन जो शरधालु हैं ।।

(एक दिन, उधर)

दोहा॰ **यमुना नदिया नीर में, दह था एक विशाल ।**
इक दिन बैठा कालिया, दह में बन कर काल ।।

जमुना जी के नीर में, उसने जहर मिलाय ।
नीर विषैला कर दिया, नर-पशु सब मर जाय ।।

तट पर यमुना सरित के, हरी-भरी थी घास ।
गाय-भैंस आते यहाँ, रोज बुझाने प्यास ।।

जमुना जी के तीर पर, खेती-बाड़ी खूब ।
गाय भैंस अज के लिये, उगती सुंदर दूब ।।

यमुना सरिता तीर पर, फल-फूलों के पेड़ ।
नर-नारी आते यहाँ, बच्चे, युवक, अधेड़ ।।

खाते फल मीठे सभी, खट्टी इमली-बेर ।
ले जाते घर के लिये, फूल तोड़ कर ढेर ।।

यमुना नदिया तीर पर, घनी छाँव के वृक्ष ।
छाया पथिकन के लिये, छतरी के सदृक्ष ।।

यमुना जी के तीर पर, पलते जीव अनेक ।
नद के अमृत नीर से, सुदृढ़ था प्रत्येक ।।

यमुना सरिता थी यहाँ, जीवन का आधार ।
जीने वाले मानते, लाख-लाख आभार ।।

(वहाँ)

दोहा॰ दुष्ट कंस के साँप ने, किया विषैला नीर ।
पानी पीकर जानवर, गिरते नदिया तीर ।।

विष बाधा से जीव वो, गिरता चक्कर खाय ।
टाँगें झटके मारती, खड़ा रहा ना जाय ।।

लारें बहती तुंड से, साँसें होती मंद ।
काया पड़ती ठंढ थी, आँखें होतीं बंद ।।

राम! राम! के नाम का, होता मन में जाप ।
कटुतम पीड़ा घोर से, मरता वह चुपचाप ।।

मरे हजारों जीव यों, मूक अनघ अनजान ।
पशु-पक्षी मानव तथा, भीषण था परिणाम ।।

ॐ श्लोकाः

क्षुधितास्तृषिताः क्लान्ता आगत्य यमुनातटे ।
कलुषितं जलं पीत्वा भवन्ति विषबाधिताः ।।

पीडिता विषदिग्धास्ते स्वेदिताः कम्पिताः श्लथाः ।
स्खलन्ति मूर्छिता भूमौ म्रियन्ते मूकप्राणिनः ।।

विषण्णा असहायाश्च विलपन्ति नरस्त्रियः ।

3. Story of Kaliya's defeat (Krishna's Childhood)

सजललोचनाः श्रद्धा आह्वयन्ति हरे! हरे! ।।

नंद किशोर कृष्णायन गीतमाला, पुष्प 29

राग खमाज, कहरवा ताल 8 मात्रा

(सुनो रे प्रभु!)

स्थायी

सुनो रे प्रभु! मूक पशु की पुकार ।
बेजुबान का दुखिया है संसार ।।

अंतरा–1

पापी नर के मगज़ में विष है ।
दिन–रात करत अपकार, सुनो रे प्रभु! ।।

अंतरा–2

बोझ वहावत तेज़ भगावत ।
कोड़ों की बौछार, सुनो रे प्रभु! ।।

अंतरा–3

क्रूर कसाई रुधिर बहावत ।
कतल करत बेशुमार, सुनो रे प्रभु! ।।

अंतरा–4

छल बल खल से अधम सतावत ।
मारात्मक अविचार, सुनो रे प्रभु! ।।

(कृष्ण)

दोहा॰ वृंदावन में मच गया, दारुण हाहाकार ।
हरे! बचाओ रे! हमें, सबकी एक पुकार ।।

जमुना रानी रो रही, मेरी सुनो पुकार ।
अमृत मेरा विष बना, करियो मम उद्धार ।।

सुन कर अर्चन आर्त वो, कान्हा को अति खेद ।
बोला, मैं उस नाग का, कर दूँगा विच्छेद ।।

(माता, देवकी)

दोहा॰ डर कर माता ने कहा, कान्हा सुनियो बात ।

जमुना जल में नाग है, हो जावेगा घात ।।

नंद किशोर कृष्णायन गीतमाला, पुष्प 30

(मत जा जमुना के तीर)

स्थायी

मत जा, मत जा, जमुना के तीर, कान्हा! कारो, जमुना को नीर ।

अंतरा–1

विष बाधा से बछड़े गैया, प्राण खो रहे, का करें दैया ।
देखो रोये जमुना मैया, उत मत जा तू किशन कन्हैया ।
सब हिरदय में उठती है पीर ।।

अंतरा–2

सुंदर अपना ब्रिंदाबन है, प्राण पियारे व्रज के जन हैं ।
साफ सनेहल सबके मन हैं, कालिया दीन्हा दुख घन है ।
रोये सबके मन का कीर ।।

अंतरा–3

व्रज को अब भगवान् बचाये, नर पशु पक्षी सब तरसाये ।
व्रज पर हैं अब संकट छाये, मोरा जी निश–दिन घबराये ।
मोरे मन, उलझन की भीर ।।

(परंतु, एक दिन)

दोहा॰ संग सुदामा, एक दिन, कृष्ण रहे थे खेल ।
आड़ी–पाड़ी फेंक कर, गेंद रहे थे झेल ।।

यमुना नद में था जहाँ, बसा कालिया नाग ।
खेल रहे थे वे वहाँ, और रहे थे भाग ।।

खेल–खेल में कृष्ण ने, सब कुछ सोच–विचार ।
जल में फेंकी गेंद वो, उस प्रांगण से पार ।।

गिरी गेंद बिलकुल वहीं, जहाँ नाग का वास ।
डरा सुदामा, देख कर, एवं हुआ उदास ।।

कहे सुदामा कृष्ण को, हमें हो रहा खेद ।

चलो लौट कर घर चलें, जाने दो वह गेंद ।।

कान्हा बोला गेंद वो, लाऊँगा मैं आप ।
फेंकी मैंने गेंद है, दह में कूदूँ आप ।।

(तब, वहाँ)

नदी किनारे एक था, कदंब पेड़ विशाल ।
कान्हा तरु पर चढ़ गया, बन कर अहि का काल ।।

कान्हा कूदा नीर में, जहाँ कालिया वास ।
डरा सुदामा देख कर, हरि का दिव्य प्रयास ।।

जहाँ कालिया है छुपा, कान्हा कूदा नीर ।
नीर विषैला है वहाँ, परिस्थिति गंभीर ।।

(सुदामा)

✍दोहा॰ नंदभवन में आगया, बतलाने को वह बात ।
दह में कूदा कृष्ण है, चलो जसोदा मात! ।।

सुन कर भीषण बात वो, घबड़ाए सब लोग ।
मातु यशोदा रो पड़ी, हुआ नंद को शोक ।।

वृंदावन के जन सभी, आये यमुना तीर ।
खड़े होगये देखने, जहाँ विषैला नीर ।।

दिखा न कान्हा नीर में, वह था नीचे खूब ।
दुष्ट नाग को ताड़ कर, उसे भगाने दूर ।।

(कालिया नाग)

✍दोहा॰ देख नीर में कृष्ण है, आया अपने आप ।
हृष्ट होगया कालिया, जिसके मन में पाप ।।

झपट पड़ा वह कृष्ण पर, करके विष आघात ।
विष की बाधा से हुआ, नीला हरि का गात ।।

कहा कृष्ण ने नाग को, अब भी कहना मान ।
मगर कालिया ने किया, युद्ध बहुत घमसान ।।

(कृष्ण)

3. Story of Kaliya's defeat (Krishna's Childhood)

शक्ति योग का नाग पर, हरि ने किया प्रयोग ।
हर लीन्हा विष नाग का, कर न सके उपयोग ।।

कहा कृष्ण ने नाग को, तज दे जमुना नीर ।
सागर में बस जा कहीं, तुझे न दूँगा पीड़ ।।

माना ना वह कालिया, जिसको बहुत घमंड ।
उसने जकड़ा कृष्ण को, लगाय जोर प्रचंड ।।

बंधन वह कसता गया, लेने हरि के प्राण ।
बोला, तू कैसा बचे, दिखला मुझे प्रमाण ।।

(फिर)

तथास्तु! कह कर कृष्ण ने, कीन्हा तुरत प्रयोग ।
दुष्ट कालिया नाग पर, लघु-दीर्घ-काय योग ।।

ज्यों ही काया कृष्ण की, बढ़ी दीर्घ आकार ।
तनाव ना वह सह सका, राक्षस, किसी प्रकार ।।

काया फटती जा रही, घबराया वह नाग ।
बोला, मैं हूँ शरण में, जाता हूँ मैं भाग ।।

जमुना नदिया छोड़ कर, जाने हुआ तयार ।
गया शरण वह कृष्ण की, किया स्वयं उद्धार ।।

♫ नंद किशोर कृष्णायन छन्दमाला, मोती 5

चंडिका छन्द [9]

8 + ऽ । ऽ

(कालिया)

कालिया किया गंद है । दह में हरि से द्वंद्व है ।। 1

---

[9] **चंडिका छन्द** : इस 13 मात्रा वाले भागवत छन्द के चरण के अन्त में र गण (ऽ । ऽ) आता है । इसको **धरणी छन्द** भी कहते हैं ।

▶ लक्षण गीत : ✍ दोहा॰ तेरह मत्ता का बना, गुरु लघु गुरु से अंत ।
आठ मत्त पर यति जहाँ, वहाँ "चंडिका" छंद ।।

3. Story of Kaliya's defeat (Krishna's Childhood)

श्रीधर सच्चिदानंद हैं । कहत यशोदा, नंद हैं ।। 2

(कान्हा)

दोहा॰ कालिया ने कृष्ण को, सिर पर लिया उठाय ।
जल से बाहर कृष्ण को, जन को दिया दिखाय ।।

कालीया के शीष पर, नाचत नंद कुमार ।
और बजावत बाँसुरी, जादू भरी अपार ।।

मुरली की मधु तान ने, किया विलक्षण काम ।
मृत प्राणी जीवित हुए, कहीं न दुख का नाम ।

नारद मुनि आकाश से, कृष्ण! कृष्ण! हैं गात ।
आशिष देकर कृष्ण पर, फूलों की बरसात ।।

श्लोकाः

दृष्ट्वा कृष्णं च नागेन हन्तुमाक्रमणं कृतम् ।
कृताश्च विषफुत्काराः कृष्णो यैः श्यामलोऽभवत् ।।

श्यामस्तं दण्डितं कृत्वा सागरं गन्तुमादिशत् ।
शिरसि तस्य नागस्य चाकरोद्वेणुवादनम् ।।

वेणुध्वनिश्च श्यामस्य जीवितानकरोन्मृतान् ।
गोवत्समहिषाजाश्च नरनारीश्च पक्षिणः ।।

नंद किशोर कृष्णायन गीतमाला, पुष्प 31

(नाचे मोरा कान्हा)

स्थायी

नाचे मोरा कान्हा, घुँघरू बाजे छुम्मा छुम्मा ।
उत नाचे श्यामा, हो इत राधा घुम्मा घुम्मा ।।

अंतरा–1

कालिया के शीश पे कान्हा, लीला देखे सारा जमाना ।
बाजे मुरलिया,
हो कान्हा मन भावे, रे देदो प्यारा चुम्मा चुम्मा ।

3. Story of Kaliya's defeat (Krishna's Childhood)

अंतरा–2

झन् झन छेड़े नारद वीणा, डम् डम डमरू शंकर कीन्हा ।
बोले पायलिया,
हो राधा गीत गावे, रे नाचे व्रज झुम्मा झुम्मा ।।

 नंद किशोर कृष्णायन गीतमाला, पुष्प 32

(कालियामर्दन)

स्थायी

कालिया के शीश पे नाचे, कान्हा कृष्ण कनाई ।

अंतरा–1

कालकूट से नील भयो पर, धीरज नाहीं छोड़े ।
खुशी जगाई हरि की मुरली, बाजत जस शहनाई ।।

अंतरा–2

पाँव में घुँघरू छम-छम बोले, व्रज जन के मन डोले ।
माता-पिता के हिरदय पिघले, राधा नृत्य नचाई ।।

अंतरा–3

गोप सुदामा ताली बजावे, गोपी तान सजावे ।
वृंदावन में नंदनवन की, शोभा है उतराई ।।

अंतरा–4

नारद शंकर नभ से देखे, पुष्प हरि पर फेंके ।
बोले, लीला अनुपम तेरी, तुझको लाख बधाई ।।

 नंद किशोर कृष्णायन गीतमाला, पुष्प 33

(कालिया मर्दन की कथा)

स्थायी

स्वरदा ने सुंदर गाया है, नारद ने साज बजाया है ।
रतनाकर गीत रचाया है ।।

अंतरा–1

सुन वृंदावन की कीर्तिऽ रे, जो स्वर्ग से बढ़िया धरती रे ।
मन कंस के आग लगी भारी, बोला उनकी मरने की बारी ।

3. Story of Kaliya's defeat (Krishna's Childhood)

अरु भेजा अहि कालीया है ।।

अंतरा–2

जमुना के दह में कालीया, छुप कर जा बैठा है मिऽयाँ ।
वो जल में जहर मिलाया है, गौअन को मरण दिलाया है ।
सब व्रज के जनन डराया है ।।

अंतरा–3

उस दह में कूदा कान्हा है, गौअन के प्राण बचाना है ।
जब कृष्ण ने विषधर दरकाया, तब शरण में आया कालीया ।
जमुना से अहि को भगाया है ।।

4. Story of the Govardhan mountain (Krishna's Childhood)

सर्ग ४
गोविंद गिरिधारी की कथा

4. Story of the Govardhan mountain (*Krishna's Childhood*)

♪ नंद किशोर कृष्णायन छन्दमाला, मोती 6

आर्या छन्द[10]

4 + 4 + 4,
4 + 4 + 4 + 4 + S
4 + 4 + 4,
4 + 4 + I + 4 + S

(इन्द्र)

वर्षा झरझर झरझर,
सन् सन् समीर सृक, मेघ घनेरे ।
कड़कड़ बोले बिजुरी,
इन्द्र सब व्रज जनन को ताड़े ।।

(गोविन्द)

दोहा॰ यमुना नद से कालिया, भगा दिया स्वच्छंद ।
जहरी जल पावन किया, ब्रज जन को आनंद ।।

---

[10] **आर्या छन्द** : जिस मात्रिक छंद की प्रथम पंक्ति 30 मात्रा की और द्वितीय पंक्ति 27 मात्रा की हो वह आर्या छंद है । इसकी प्रथम पंक्ति की 30 मात्राओं में 7 चौकल (चतुर्मात्रा) तथा अंत में एक गुरु वर्ण आता है; और दूसरी पंक्ति की 27 मात्राओं में 5 चौकल, एक लघु मात्रा, 1 चौकल और अंत में एक गुरु वर्ण होता है । प्रथम पंक्ति की चौकल 1, 3, 5, 7 और द्वितीय पंक्ति की चौकल 1, 3, 5 में ज गण वर्ज्य होता है । दोनों पंक्तियों की छठी चौकल के लिए ज अथवा न गण उचित होता है । प्रथम पंक्ति की सातवी चौकल यदि न गण की हो अथवा दूसरी पंक्ति की पाँचवी चौकल पर न गण हो तो वहाँ नया शब्द आरंभ होना चाहिये । इसका रचना सूत्र 4 + 4 + 4 – 4 + 4 + 4 + 4 + S – 4 + 4 + 4 – 4 + 4 + I + 4 + S इस प्रकार से होता है ।

▶ लक्षण गीत : दोहा॰ मात्रा बारह विषम में, चतुर्थ पन्द्रह मत्त ।
कल अठारह द्वितीय में, "आर्या" छंद प्रदत्त ।।

4. Story of the Govardhan mountain (Krishna's Childhood)

गौ-बछड़े जीवित किये, मुरली धुन सानंद ।
गौ की रक्षा जो करे, कहलाया "गोविंद" ।।

जिसकी माया, गाय की, रक्षा करत अपार ।
जाना वह "गोविन्द" है, मुरली कृष्ण कुमार ।।

नंद किशोर कृष्णायन गीतमाला, पुष्प 34

खयाल, राग शुद्ध सारंग,[11] तीन ताल 16 मात्रा

(किशन चंद्र)

स्थायी

मोहे प्रीत लगायो किशन चंद्र ।
मोहे प्रीत लगायो, सखी री मोरा,
आनंद कंद ।
मोहे प्रीत लगायो किशन चंद्र ।।

अंतरा–1

नटखट मोहन चित चोर, सखी ।
मोरे नयन मन लुभावत,
नंद का नंद ।
मोहे प्रीत लगायो किशन चंद्र ।।

कथा

दोहा॰ प्राण से प्यारा कृष्ण है, व्रज जन का सुखकार ।
गोप-गोपियों का सखा, गौ-बछड़ों का प्यार ।।

---

[11] **राग शुद्ध सारंग :** यह काफी ठाठ का राग है । इसमें शुद्ध म और तीव्र म॑ का प्रयोग होता है । ग स्वर वर्ज्य होता है । रे वादी प संवादी स्वर । आरोह अवरोह उपरोक्त वृंदावनी सारंग की तरह, परंतु आरोह में तीव्र म॑ ।

▶ लक्षण गीत : दोहा॰ तीव्र म स्वर आरोह में, सर्वत्र ग सुर त्याग ।
रे प वादि संवाद का, "शुद्ध सारंग" राग ।।

4. Story of the Govardhan mountain (Krishna's Childhood)

नंद किशोर कृष्णायन गीतमाला, पुष्प 35

(हरि)

स्थायी

हरि प्राण मेरे, हरि आतमा हैं, हरि भूमि मेरी, हरि आसमाँ हैं ।
हरि बापु मेरे, हरि मेरी माँ हैं, हरि हर्ष मेरे, हरि हर समाँ हैं ।।

अंतरा–1

हरि आस मेरी, हरि साँस मेरी । हरि लाज मेरी, हरि साधना हैं ।।

अंतरा–2

हरि आर मेरी, हरि पार मेरी । हरि भानु मेरे, हरि चंद्रमा हैं ।।

अंतरा–3

हरि मेरी पूजा, हरि अर्चना हैं । हरि साज मेरे, हरि वन्दना हैं ।।

(हरिभक्ता:)

ॐ श्लोका:

गोविन्द इति यो ज्ञातः कृष्णो विन्दति गोधनम् ।
व्रजजनाश्च गावश्च कृष्णं स्निह्यन्ति सर्वथा ।।

गोविन्दो दर्शने तेषां स्वप्नेषु च हरिस्तथा ।
लोचनेषु हरिस्तेषां गोविन्दश्च स्मृतौ सदा ।।

श्रीकृष्णोऽश्रूणि नेत्रेषु बुद्धौ श्यामः सदा हि सः ।
गोविन्दो हृदि सर्वेषां कृष्णो वचसि कर्मणि ।।

गोविन्दो वन्दने तेषां केशवः पूजने च सः ।
आलापेषु स सर्वेषां मुखेषु सर्वदा हरिः ।।

भजनेषु च श्रीकृष्णः कृष्णो देवश्च कीर्तने ।
अर्चनमपि कृष्णाय गायने च हरेः स्तुतिः ।।

गृहे गृहे हरेर्मूर्तिः–हरेः कीर्तिः पदे पदे ।
प्राङ्गणे मोहनस्तेषां गोविन्दश्च वने वने ।।

जनगणेषु गोविन्दः केशवः पशुपक्षिषु ।
शब्दे शब्दे च गोविन्दो ध्वनौ ध्वनौ च केशवः ।।

4. Story of the Govardhan mountain (Krishna's Childhood)

पञ्चभूतेषु गोविन्दो माधवस्त्रिगुणेषु च ।
त्रिभुवने च गोविन्दः कृष्ण एव कणे कणे ॥

सर्वेऽपि हृदि कृष्णस्य भक्त्या संपूरिता जनाः ।
क्षणे क्षणे दिवानक्तं सर्वे च शरणागताः ॥

(हरिभक्त)

दोहा॰ गौ-धन की रक्षा करे, "गोविंद" उसे है नाम ।
व्रज जन प्यारे हैं उसे, सबका प्यारा श्याम ॥

सब नयनन गोविंद है, सपनन में गोविंद ।
दरशन में गोविंद है, सिमरण में गोविंद ॥

आँसू में गोविंद ही, विवेक में गोविंद ।
मुख में शुभ गोविंद है, हिरदय में गोविंद ॥

पूजन में गोविंद है, वन्दन में गोविंद ।
गायन में गोविंद है, भजनन में गोविंद ॥

कीर्तन में गोविंद है, अर्चन में गोविंद ।
अर्जन में गोविंद है, चर्चा में गोविंद ॥

घर-घर में गोविंद है, आँगन में गोविंद ।
गली-गली गोविंद है, कानन में गोविंद ॥

जन गण में गोविंद है, खग पशु में गोविंद ।
हर ध्वनि में गोविंद है, धड़कन में गोविंद ॥

भव प्रकृति गोविंद है, पँच भूत गोविंद ।
त्रिभुवन में गोविंद है, कण-कण में गोविंद ॥

सब हृद् में गोविंद है, हृद् सबका गोविंद ।
शरण सभी गोविंद को, सब सबका गोविंद ॥

(चौपाई)

हरि दरशन में, हरि सपनन में, हरि नयनन में, हरि सुमिरन में ।
हरि अँसुअन में, हरि सुलझन में, तन मन धन में, हरि धड़कन में ॥

4. Story of the Govardhan mountain (Krishna's Childhood)

हरि नमनन में, हरि अरचन में, हरि बचनन में, हरि गुनगुन में ।
हरि भजनन में, हरि किरतन में, आरती गायन हरि श्रवणन में ।।

हरि सदनन में, हरि पन्थन में, हरि आंगन में, हरि तरु वन में ।
हरि जन गण में, हरि पशुअन में, शब्दन चहकन हरि गरजन में ।।

हरि जल अनल पवन गगनन में, हरि त्रिभुवन में, हरि कण-कण में ।
सब व्रजजन हरि के हिरदय में, निशदिन पलछिन हरिचरणन में ।।

ॐ श्लोकौ

स्तुतिं तामीदृशीं श्रुत्वा पदे पदे मुखे मुखे ।
कृष्णे तेषाञ्च विश्वास इन्द्रो ज्वलित ईर्ष्यया ।।

आसन्ये विश्वसन्तो मां सर्वकार्येषु सर्वदा ।
इदानीं कृष्णभक्तास्ते, दण्डयिष्याम्यहं हि तान् ।।

(अत:, इंद्र)

दोहा॰ **सुन सुन स्तुति गोविंद की, इन्द्र गया था ऊब ।**
बोला, व्रज को ढाह दूँ, पछतावेंगे खूब ।।

(फिर एक दिन)

दोहा॰ **इक दिन कान्हा लाड़ला, मुरलीधर गोपाल ।**
धेनु चराने आगया, संग गोप थे ग्वाल ।।

उस मधुबन के क्षेत्र में, जहाँ हरी थी घास ।
खेल रहे थे गोप सब, गावर्धन गिरि पास ।।

बाल मित्र गोविंद के, गेंद रहे थे ठेल ।
सब मिल कर आनंद में, खेल रहे थे खेल ।।

कोई बैठा धेनु पर, गौ से करता प्रीत ।
कोई बालक भागता, कोई गाता गीत ।।

कोई तरु की डाल पर, चढ़ कर फल है लात ।
कोई तरु की छाँव में, माखन-रोटी खात ।।

4. Story of the Govardhan mountain (Krishna's Childhood)

जहाँ कृष्ण है, सुख वहाँ, वहीं सही आनंद ।
गौ-बछड़े ग्वाले सुखी, गोवर्धन को नंद ।।

गोवर्धन गिरि हृष्ट है, मधुबन में आह्लाद ।
और कहीं ना हर्ष है, इस रौनक के बाद ।।

नंद किशोर कृष्णायन गीतमाला, पुष्प 36

राग : भीमपलासी

(इन्द्र)

स्थायी

हरि पग में आकर एकबार, कृष्ण लीला का देख दीदार ।
इन्द्र पे जिन को था एतबार, आज उन्हीं की कृष्ण मदार ।।

अंतरा–1

भाग में जिन दुर्भाग लिखा है, आप में जिनको पाप दिखा है ।
हो न सका जिनका कोई यार, हुआ है उनको कृष्ण से प्यार ।।

अंतरा–2

भाई न बंधु पास हैं जिनके, प्राण उदास भये हैं जिनसे ।
जिनको मिला न किसी का प्यार, उन्हें चाहिये कृष्ण का प्यार ।।

अंतरा–3

भवसागर में जो डूबा है, माया चक्कर से ऊबा है ।
जिसे दुखाता है संसार, उसे कृष्ण का है आधार ।।

अंतरा–4

जीवन जिनका लाड़ प्यार में, दिन हैं गुजरे दोस यार में ।
जिनका बसा है खुश घरदार, वो भी चाहते कृष्ण कुमार ।।

दोहा॰ जो पहले थे इंद्र के, भगत भक्ति के साथ ।
प्यारा उनको आज है, कान्हा गोकुलनाथ ।।

उन्हें आज शिरमौर है, केशव का दीदार ।
उन्हें आज है होगया, किशन पर एतबार ।।

4. Story of the Govardhan mountain (Krishna's Childhood)

कृष्ण पियारा है उन्हें, तन मन धन को वार ।
कृष्ण जियारा है उन्हें, कृष्ण उन्हें संसार ।।

संगी उनका कृष्ण है, कृष्ण उन्हें सुखकार ।
कृष्ण उन्हें भगवान है, कृष्ण उन्हें आधार ।।

ॐ श्लोकाः

आसीत्क्रीडन्सखा कृष्णः सह गोपैर्यदा वने ।
गोवर्धनगिरौ बाला वत्साश्च धेनवस्तृणे ।।

तदा दण्डयितुं कृष्णं व्रजजनान्पराङ्मुखान् ।
शक्रोऽपातयदासारं अकस्मात्सकले व्रजे ।।

जलप्लुता गता ग्रामा विध्वस्तानि गृहाणि च ।
विह्वला कृष्णमाहूय जना सर्वे हरे हरे ।।

नंद किशोर कृष्णायन गीतमाला, पुष्प 37

(ओ कन्हैया!)

स्थायी

अब तेरे सिवा कौन हमारा है कन्हैया ।
तूही सहारा है हमें, तूही बचैया ।।

अंतरा–1

हिरणकशिपु जब खंबा रचाया, नरसी बन परलाद बचाया ।
ध्रुव भगत को विपद से तारा, नील गगन का तारा करैया ।।

अंतरा–2

दसमुख जब वैदेही भगाया, राक्षस से सीता को बचाया ।
जब कुंजर को मकर धराया, तूही जल से उसे बचैया ।।

अंतरा–3

तिरणाव्रत जब आग लगाया, गोकुल पुर को तूने बचाया ।
कालिया विष जल में मिलाया, जमुना से तू उसे भगैया ।।

दोहा० कीर्ति कृष्ण की देख कर, इन्दर के मन डाह ।
"जलन दमन कैसे करूँ," नजर न आवत राह ।।

समझ न आवे इन्द्र को, कैसी है यह बात ।
"जिसके कारण विघ्न हैं, रट उसकी दिन-रात" ।।

ॐ श्लोकः

सर्वे तमेव पूजन्ति योऽस्य विघ्नस्य कारणम् ।
गोप्यमस्ति किमेतस्मिन्-बोद्धुमिन्द्रो न शक्तवान् ।।

(इंद्र)

दोहा॰ सबक सिखाने कृष्ण को, प्रिय जो है इस वक्त ।
दंडित करने जनन को, हरि के जो हैं भक्त ।।

करी योजना इंद्र ने, देने हरि को बोध ।
व्रजवासी भी जनन से, लेने को प्रतिशोध ।।

संकट में डालूँ उन्हें, जो ना रोका जाय ।
रूठेंगे वे कृष्ण से, भूल कभी ना पाय ।।

बचा न पाए कृष्ण भी, ना घर, गौ, ना गाँव ।
कृष्ण सहारे जो खड़े, डूबे उनकी नाव ।।

आवें मेरी शरण में, न लें कृष्ण का नाम ।
इंद्र उन्हें प्यारा पुनः, पुनः बने भगवान ।।

ॐ श्लोकौ

साश्चर्यं स ततोऽपश्यत्-लीलां कृष्णस्य चैश्वरीम् ।
उत्थाप्य स कनिष्ठायां कृष्णो गोवर्धनं गिरिम् ।।

मुरलीं मधुराञ्चैव वादयति स लीलया ।
जनाश्च प्राणिनः सर्वे गिरेरधः समाश्रिताः ।।

(प्रकोप)

दोहा॰ खेल रहे थे जब सभी, सखा कृष्ण के साथ ।
आयी मूसलाधार सी, बरसात अकस्मात ।।

वर्षा बढ़ती ही गयी, रुकने का ना नाम ।

4. Story of the Govardhan mountain (Krishna's Childhood)

जलथल व्रज सब होगया, बिगड़ रहा था काम ।।

गौ–बछड़े, खेती सभी, बहने लगे मकान ।
ब्रजवासी सब डर गये, ढहने लगे दुकान ।।

समझ न पाए, क्या हुआ, किसका हुआ प्रकोप ।
कृष्ण चरण में आगये, ब्रजवासी सब गोप ।।

बोले, अब रक्षा करो, हमरी नंद कुमार! ।
हमें अटल विश्वास है, रक्षक आप हमार ।।

ज्यों ज्यों छल बढ़ता गया, बढ़ा और विश्वास ।
ब्रजवासी सब आगये, शीघ्र कृष्ण के पास ।।

तब)

गोवर्धन गिरि कृष्ण को, बोला, राधेश्याम! ।
छाया दूँगा में तुम्हें, मैं भी आऊँ काम ।।

गिरिवर वह श्रीकृष्ण ने, उठा लिया सुख साथ ।
कनिष्ठिका पर रख दिया, मुरली दूजे हाथ ।।

व्रजवासी गिरि के तले, खड़े सहित आराम ।
बोले, रक्षक हैं हमें, बंसीधर घनश्याम ।।

(और)

गौ–बछड़े, व्रजवाले सभी, खड़े प्रेम के साथ ।
कृष्ण बजावत बाँसुरी, सबने जोड़े हाथ ।।

चाहे जितना भी बड़ा, आवे हम पर विघ्न ।
सदा बचावेगा हमें, सखा हमारा कृष्ण ।।

उसने मारी पूतना, तिरणावर्त असुर ।
वत्सासुर उसने हना, हना फिर बकासुर ।।

असुर अघासुर ना बचा, बचा कालिया नाग ।
शरण कृष्ण की आगया, गया समुंदर भाग ।।

कृष्ण बचाता है हमें, देता हमको प्यार ।

हमरी श्रद्धा कृष्ण है, करता नैया पार ।।

(तब)

वर्षा का बस ना चला, सभी सुरक्षित लोग ।
खड़े रहे गिरि के तले, बिना किसी भी सोग ।।

गरज–गरज बादल थके, गए क्षितिज से पार ।
बरस–बरस वर्षा अकी, मानी उसने हार ।।

नंद किशोर कृष्णायन गीतमाला, पुष्प 38

(हरि तेरी लीला)

स्थायी

रे हरि तेरी, लीला है जादू भरी ।

अंतरा–1

नंदलाल की बाल लीलाएँ, सबको मुग्ध करी ।
अनुपम प्यारी रम्य कथाएँ, सचमुच जादूगरी ।।

अंतरा–2

जहर पिलाने आई पूतना, अपने विष से मरी ।
गिरा तृणावर्त आसमान से, नभ तक धूल उड़ी ।।

अंतरा–3

कालीया जमुना से भगायो, शीश पे नाचे हरि ।
गोवर्धन उँगली पे उठायो, लीला है जादू खरी ।।

श्लोकौ

सानन्दाश्च कृतज्ञाश्च व्रजजनाश्च प्राणिनः ।
अददुराशिषाः सर्वे कृष्णं मङ्गलवाचया ।।

कटुशब्दैरगर्हन्त शक्रदेवं पुरन्दरम् ।
नारदः शङ्करो दुर्गाऽभर्त्स्यन्त सुराधिपम् ।।

(इंद्र)

दोहा० शरमाया अब इंद्र भी, कर दी वर्षा बंद ।
शरण आगया कृष्ण की, कर जोड़े सानंद ।।

4. Story of the Govardhan mountain (Krishna's Childhood)

कहा इंद्र ने कृष्ण को, तेरे अद्भुत काम ।
लीला है जादू भरी, तेरी, रे घनश्याम! ।।

गोवर्धन ने कृष्ण को, दीन्हे आशीर्वाद ।
हुआ न ऐसा देवता, कृष्ण! तिहारे बाद ।।

नंद किशोर कृष्णायन गीतमाला, पुष्प 39

रग : भैरवी

(गोवर्धन)

स्थायी

गोवर्धन को उठाए हरि, देखो देखो जी लीला खरी ।
उँगली पर धरे, वो समूचा गिरी, और बजाए मीठी बाँसुरी ।।

अंतरा–1

मथुरा के परे पास में, मधुबन की हरी घास में ।
गोप गोपी लगे खेल में, श्री हरि थे सखा साथ में ।
मूसला वर्षा कड़ी, जब अचानक गिरि ।
व्रज में चिंता भयानक पड़ी । गोवर्धन को उठाए हरि ।।

अंतरा–2

व्रज वासी खड़े आस में, थे बड़े आज विश्वास में ।
सब खड़े थे गिरि के तले, सब ने आशा धरी मन में ।
चाहे जितनी बुरी, व्रज में बारिश गिरी ।
सबको दुख से बचाए हरि । गोवर्धन को उठाए हरि ।।

अंतरा–3

इन्द्र भगवान् जब थक गए, बरसा कर बादल अक गए ।
शक्र हार गए आखरी, झट से वर्षा फिर बंद करी ।
बोले तेरी खरी, होवे जै जै हरि ।
तेरी लीला है जादू भरी । गोवर्धन को उठाए हरि ।।

नंद किशोर कृष्णायन गीतमाला, पुष्प 40

राग : भैरवी, कहरवा ताल 8 मात्रा

(गोवर्धनधारी)

4. Story of the Govardhan mountain (Krishna's Childhood)

स्थायी

गोवर्धन उठाए हरि, देखो देखो जी लीला खरी ।
उँगली पर धरे, वो समूचा गिरी, और बजाए मिठी बाँसुरी ।।

अन्तरा–1

मथुरा के परे पास में, मधुबन की हरी घास में ।
गोप गोपी सगे, खेल में जब लगे, साथ में थे सखा श्री हरि ।
मूसला वर्षा अचानक गिरी, व्रज में चिंता भयानक पड़ी ।।

अन्तरा–2

व्रज वासी खड़े आस में, थे बड़े आज विश्वास में ।
सब गिरि के तले, लगे सुख से गले, सबने मन में थी आशा धरी ।
चाहे जितनी भी बारिश गिरी, दुख में सबको बचाए हरि ।।

अन्तरा–3

इन्द्र भगवान जब थक गए, बरसा कर बादल अक गए ।
शक्र हार गए, शरमिंदा भये, झट से वर्षा फिर बंद करी ।
बोले तेरी हो जै जै हरि, तेरी लीला है जादू भरी ।।
उँगली पर धरे, तू समूचा गिरी, और बजाए मिठी बाँसुरी ।।

** NOTE : This line is slightly different (तू समूचा गिरी, इस प्रकार से)

(नारद जी)

✍दोहा॰ नारद मुनिवर ने करी, फूलन की बरसात ।
शिव–पार्वती–गणेश ने, शुभ वर की सौगात ।।

(अंत में)

✍दोहा॰ वर्षा थक कर जब रुकी, व्रजवासी कृतकार्य ।
अपने–अपने घर गये, हुआ बहुत आश्चर्य ।।

घर ना कोई था ढहा, साबुत नींव समेत ।
प्राणी कोई ना बहा, ना ग्वालों के खेत ।।

ॐ श्लोकौ

श्रुत्वा निन्दां स्वकमिन्द्रोऽस्तभ्नाद्वर्षां हि तत्क्षणम् ।
"मायाविनी हि लीला ते," ब्रूते कृष्णञ्च लज्जया ।। **217**/2422

4. Story of the Govardhan mountain (Krishna's Childhood)

ब्रूते च व्रीडितोऽहं भोः प्रमादं त्वं क्षमस्व मे ।
ग्राममागत्य पश्यन्ति जना सर्वं हि पूर्ववत् ।। 218/2422

 नंद किशोर कृष्णायन गीतमाला, पुष्प 41

(गोवर्धन की कथा)

स्थायी
स्वरदा ने सुंदर गाया है, नारद ने साज बजाया है ।
रतनाकर गीत रचाया है ।।

अंतरा–1
सुन कृष्णकीर्ति के सब चर्चे, सुर इन्द्र चिढ़ा ईर्ष्याऽ करके ।
विश्वास इन्द्र पर था जिनको, श्रीकृष्ण पे ममता है उनको ।
यह, बात वो समझ न पाया है ।।

अंतरा–2
तब इन्द्र करी वर्षा भारी, बही वृंदावन बस्ती सारी ।
व्रज जन सब बोले कान्हा रे! अब हमको तूही बचाना रे ।
हरि, गिरि ऊँगली पे उठाया है ।।

अंतरा–3
जन गौअन गोवर्धन के तले, सुख शाँत खड़े थे रात ढले ।
फिर इन्द्र ने वर्षा बंद करी, बोला तेरी जय जयकार हरिऽ।
तेरी, लीला अद्भुत माया है ।।

5. Story of Kesi's death (Krishna's Childhood)

सर्ग ५

केशीनिषुदन की कथा

5. Story of Kesi's death (*Krishna's Childhood*)

♫ नंद किशोर कृष्णायन छन्दमाला, मोती 7

लीलाखेल छन्द[12]

ऽ ऽ ऽ, ऽ ऽ ऽ, ऽ ऽ ऽ, ऽ ऽ ऽ, ऽ ऽ ऽ

(केशीनिषूदन)

गौएँ कान्हा की दीवानी, बंसी कान्हा की न्यारी ।
बंसी वाला लीला कीन्ही, गौएँ केशी को मारी ।।

कथा

(कंस)

दोहा॰ **सुन कर गोवर्धन कथा, कंस हुआ हैरान ।**
यकीन नाही कर सके, उसके पैने कान ।।

अचरज में वो था पड़ा, कैसी है यह बात ।
इतने छोटे ग्वाल का, कैसे बलिष्ठ गात ।।

कनिष्ठिका पर शैल को, उठा लिया अनायास ।
सच है कि ये स्वप्न है, होत नहीं विश्वास ।।

ॐ श्लोकः

कंसोऽपृच्छन्मुने कृष्णः कथमुत्थापयद्गिरिम् ।

---

[12] **लीलाखेल छन्द** : इस 15 वर्ण, 30 मात्रा वाले विशेष छन्द के चरण में पाँच म गण आते हैं, अर्थात् सभी वर्ण दीर्घ होते हैं । इसका लक्षण सूत्र ऽ ऽ ऽ, ऽ ऽ ऽ, ऽ ऽ ऽ, ऽ ऽ ऽ, ऽ ऽ ऽ इस प्रकार है । इसमें 4, 4, 4, 3 का यति विकल्प से आता है ।

▶ लक्षण गीत : **दोहा॰ मत्त तीस से जो बना, पन्द्रह अक्षर छंद ।**
"लीलाखेल" विशेष है, गुरु वर्णों का वृंद ।।

5. Story of Kesi's death (Krishna's Childhood)
आगता ग्वालबालेषु वै शक्तिरीदृशी कुतः ।।

(नारद जी कंस संवाद)

दोहा॰ **बखान सुन कर कंस की, नारद बोले बात ।**
नृपवर! इतने सुन्न क्यों, उलझन कैसी, तात! ।।

कहा कंस ने रंज से, अचरज की है बात ।
सुनी नहीं क्या आपने, हमें हुई जो ज्ञात ।।

(बात)

दोहा॰ **उठा लिया है कृष्ण ने, कनिष्ठिका पर शैल ।**
खड़े हुए गिरि के तले, नर गौ बछड़े बैल ।।

एक हाथ पर गिरि धरा, कर दी बहुत कमाल ।
दूजे कर से बाँसुरी, बजा रहा था ग्वाल ।।

मुनिवर! क्या ये सत्य है, या है मायाजाल ।
इतने ताकतवर भला, कैसे हैं ये बाल ।।

(नारद जी)

दोहा॰ **मुनिवर बोले कंस को, मानो सच यह बात ।**
देख चुका हूँ मैं स्वयं, अपनी आँखों, तात! ।।

<u>नंद किशोर कृष्णायन गीतमाला, पुष्प 42</u>

(श्याम कहले तू)

स्थायी

दीवाने! श्याम कहले तू, राम का नाम ले ले तू ।

अंतरा–1

दिए हैं प्राण तन जिसने, उसी की शरण गह ले तू ।

अंतरा–2

दिए तू दुख जो दुनिया को, उन्हीं का त्रास सह ले तू ।

अंतरा–3

बनाया प्यार है जिसने, उसे अरदास कह ले तू ।

अंतरा–4

5. Story of Kesi's death (Krishna's Childhood)
चलाता जग जो माया से, उसीका दास रह ले तू ।

(कंस)

दोहा॰ जहर न इनको छू सका, ना ही आग, न शस्त्र ।
ना ही इन पर बल चले, ना ही कोई अस्त्र ।।

ना माया का असर है, ना जादू का वार ।
ना कोई खा सके, ना, काट सके तलवार ।।

माने मेरे वीर सब, इनके आगे हार ।
बड़े–बड़े बलवान भी, इन्हें सके ना मार ।।

इतना बल कैसा इन्हें, क्या खाते हैं चीज ।
कैसे इतना जोर है, का है बल का बीज ।।

श्लोकाः
गोदुग्धममृतं कंस मूलं तेषां बलस्य यत् ।
दुग्धं दधि च तक्रञ्च नवनीतञ्च शक्तिदम् ।।

गावस्तेषां महाशक्तिः–तेजश्च परमं बलम् ।
बालकान्तरुणान्वृद्धान्–दुग्धं ददाति जीवनम् ।।

कुर्वन्ति परमां मायां गृहे गृहेषु धेनवः ।
गौश्च तस्माद्धि सर्वेषां तैर्माता पावना मता ।।

रहस्यं नारदाच्छ्रुत्वा कंस आनन्दितोऽभवत् ।
तेन च प्रेषितः केशी हर्तुं वृन्दवने हि गाः ।।

दोहा॰ नारद मुनि को कंस ने, पूछी मन की बात ।
व्रज ग्वालों को शक्ति यों, मिली कहाँ से, तात! ।।

उँगली पर श्रीकृष्ण ने, उठा लिया गिरिराज ।
रहस्य इसमें क्या, प्रभो! कहो मुझे, मुनि! आज ।।

प्रभाव विष का ना चला, ना ही बल का जोर ।
हमरे चर सब मर गए, मरा न माखन चोर ।।

5. Story of Kesi's death (Krishna's Childhood)

नारद बोले कंस को, इसका एक उपाय ।
बल का सोता दूध है, जो देती है गाय ॥

"अमृत" उसका नाम है, अद्भुत जिसके काम ।
नाश करे हर विघ्न का, रक्षण आठों याम ॥

सद् गुण भर कर देह में, करता रजस खलास ।
विष कल्मष अघ हीनता, तामस गुण का नास ॥

दूध दही घृत तक्र हैं, जिनको सदा पसंद ।
तेज ओज तन में भरे, दे सत्-चित-आनंद ॥

घर-घर अमृत धार है, देती इनको गाय ।
माया जिसकी यह सभी, "माता" वह कहलाय ॥

(चौपाई)

प्यारे नृपवर! तुम पहिचानो, सोता बल का कौन है जानो ।
दूध नाम है उस अमृत का, नाश करे जो हर अनृत का ॥

धेनु क्षीर पीयूष कहावे, नस-नस में जो ओज बहावे ।
राजस्-गुण को मन से घटावे, तामस् का अघ तन से हटावे ॥

सत् चित आनँद सतत बढ़ावे, तेज ओज रग रग में चढ़ावे ।
विष-कल्मष सब उसके आगे, फीके पड़ कर बाहर भागे ॥

शुद्ध शुभ्र शुभ शुची सुखारी, शुक्ल सौम्य सुरशक्ति सुधारी ।
दधि-माखन घृत छाँछ मलाई, रूप दूध के करत भलाई ॥

5. Story of Kesi's death (Krishna's Childhood)

इस अमृत की घर-घर धारा, अद्भुत कीन्हा व्रज है सारा ।
गौ माता की कृपा घनेरी, ग्वाल बाल पर माया फेरी ।।

 नंद किशोर कृष्णायन गीतमाला, पुष्प 43

(माता)

श्लोक:

माता या सर्वजीवानां बलदा च शुभप्रदा ।
तां धेनुं शिरसा वन्दे पूज्याममृतदां सदा ।।

स्थायी

हमें जनम जो देती वो माता है, अरु दूध पिलाती वो माता है ।

अंतरा-1

पेट में पाले, लोरी गा ले, प्यार उसी का भाता है ।

अंतरा-2

गोद में ले ले, साथ में खेले, भार सहे भू माता है ।

अंतरा-3

कामधेनु बन, मन की मुरादें, पूरी करे गौ माता है ।

अंतरा-4

गौरी लछमी, सिया शारदा, जनम-जनम का नाता है ।

अंतरा-5

जनम की भूमि, धेनु जननी, स्वर्ग से ऊँची माता है ।

अंतरा-6

कर्मभूमि जो, धर्मभूमि वो, प्यारी भारत माता है ।

(कंस)

दोहा॰ नारद जी को कंस ने, कहा, सरल है काम ।
करे कृष्ण का घात जो, केशी उसका नाम ।।

केशी अति बलवान है, मेरा सचिव प्रधान ।
आता है वो जीत कर, जाना वीर महान ।।

(क्यों कि)

दोहा॰ दूध अगर देता उन्हें, बल सामर्थ्य अपार ।

केशी व्रज से लायगा, गौ करके अपहार ।।

गौएँ सब ले आयगा, मथुरा हमरे पास ।
बजेगी नहीं बाँसुरी, जब न बचेगा बाँस ।।

ग्वाल बाल को ना मिले, माखन ना ही दूध ।
बल उनका सब नष्ट हो, खेल सकें ना कूद ।।

शक्ति कृष्ण की नष्ट हो, वह जावेगा हार ।
फिर हम सेवक भेज कर, देंगे उसको मार ।।

(नारद जी)

नारद बोले कंस को, रहे तुम्हें यह याद ।
दास बचा अब एक ही, क्या होगा उसके बाद ।।

शरण गहो तुम कृष्ण की, बोलो, कर दो माफ ।
जनम-जनम के पाप सब, वे कर देंगे साफ ।।

ॐ श्लोकौ

उवाच नारदः कंसं मा क्रौर्यमधिकं कुरु ।
शरणं व्रज कृष्णस्य प्रभुस्त्वां नृप क्षंस्यति ।।

हरिर्हरति पापानि कष्टानि च व्यथां तथा ।
दोषान्त्यक्त्वा शुभं कृत्वा नरो यः शरणं व्रजेत् ।।

नंद किशोर कृष्णायन गीतमाला, पुष्प 44

राग भैरवी, कहरवा ताल

(भज ले कृष्ण के नाम)

स्थायी

भज ले प्यारे कृष्ण के नाम, हो जाएंगे तेरे काम ।

अंतरा-1

जब-जब संकट घिर कर आवे, बीते दिनों की याद सतावे ।
मन में जपियो राम का नाम, मिट जाएंगे दुःख तमाम ।।

अंतरा-2

5. Story of Kesi's death (Krishna's Childhood)

भक्त प्रलादा बालक ज्ञानी, माया हरि की उसने जानी ।
आपत में थे उसके प्राण, नरसिंह बचायो उसकी जान ।।

अंतरा–3

द्रौपदी को हरि चीर बढ़ायो, उस अबला की लाज बचायो ।
जब मुश्किल में हो इन्सान, एक सहारा राधेश्याम ।।

ॐ श्लोकौ

प्रेषिष्ये केशिनं सद्य हर्तुं तेषां हि धेनवः ।
न च पास्यन्ति दुग्धं ते न हि वर्धिष्यते बलम् ।।

कंसेन प्रेषितः केशी न स्वीकृत्य मुनेर्वचः ।
कंसप्रधानमन्त्री स सुरभीर्हर्तुमागतः ।।

(फिर भी, केशी)

दोहा॰ इक दिन केशी आगया, लेकर सेना साथ ।
आकर मधुबन में रुका; जानत हैं ब्रजनाथ ।।

गौएँ लेकर आगये, मधुबन में गोपाल ।
गाएँ चरने लग गयी, लगे खेल में बाल ।।

कान्हा थे तरु के तले, सखा गोप के साथ ।
बैठे थे जब छाँव में, माखन–रोटी खात ।।

उसी समय पर आगये, सैनीक चरागाह ।
गौएँ सारी हरण की, कंसराज की चाह ।।

ग्वाले कुछ ना कर सके, आये हरि के पास ।
बोले, धेनु चुरा रहे, क्रूर कंस के दास ।।

गायों को वे पीट कर, मथुरा हैं ले जात ।
गौएँ सारी जा रहीं, मार रहीं हैं खात ।।

कान्हा! उन्हें बचाइये, कंसचरों के हाथ ।
गौधन सारा जा रहा, मथुरा उनके साथ ।।

5. Story of Kesi's death (Krishna's Childhood)

♫ नंद किशोर कृष्णायन छन्दमाला, मोती 8

तांडव छन्द[13]

। + 10 + ।

(गौधन)

मुरलिया ली मन जीत, हरि से गौन को प्रीत ।
बिरज का गौधन प्राण, हरि सभी का भगवान ।।

(कान्हा)

✍दोहा॰ **कान्हा बोला, मत डरो, करते एक उपाय ।**
जिससे मुड़ कर आयगी, हमरीं सारी गाय ।।

मधुर बजा कर बाँसुरी, दिया गुप्त संदेश ।
सुन कर गाएँ पा गयीं, कान्हा का आदेश ।।

गायें सारी मुड़ गयी, पाकर वह संदेश ।
लगी धेनुएँ भागने, रहा नहीं अंदेश ।।

जो भी आया राह में, उसे सींग से मार ।
रोक न पाये फिर उन्हें, सबने मानी हार ।।

(केशी)

केशी खुद फिर आगया, खड़ा राह के बीच ।
रोकने लगा धेनु को, उनकी दुम को खींच ।।

एक साँड फिर चिढ़ गया, लेने को प्रतिशोध ।
दौड़ा केशी पर तभी, उसे सिखाने बोध ।।

मारा घूँसा सींग से, फाड़ा उसका पेट ।
केशी गिरा धड़ाम से, गया धरा पर लेट ।।

केशी मंत्री आखरी, मरा कंस का दास ।

---

[13] **तांडव छन्द** : इस 12 मात्रा वाले आदित्य छन्द के चरण के आदि और अंतिम मात्रा लघु होती है ।

▶ लक्षण गीत : ✍ **दोहा॰ बारह मात्रा से बना, आदि और लघु अंत ।**
दस कल नाचत बीच में, शिव का "तांडव" छंद ।।

धेनु लौट कर आगयी, सभी कृष्ण के पास ।।

श्लोकौ

केशी स ताडयन्धेनूः-गच्छति स्म यदा बलात् ।
श्रुत्वा वै मुरलीनादं कृष्णस्य चित्तहारकम् ।।

धेनवस्तु परावर्त्य शृङ्गैरघ्नञ्च केशिनम् ।
अस्तुवन्रक्षकं कृष्णं नारदो धेनवो जनाः ।।

(नारद जी)

दोहा॰ नारद जी गोविंद पर, करत पुष्प बरसात ।
शुभ मंगल वर दे रहे, करने विघ्न विनाश ।।

नंद किशोर कृष्णायन छन्दमाला, मोती 9

सृजान छन्द[14]

11 + ऽ।, 6 + ऽ।

(गोविंद)

धेनु हरण के लिए शीघ्र, मथुरा से कंस ।
भेजा मंत्री महादुष्ट, करने बल ध्वंस ।। 1
गोधन को बचायो आज, केशव गोविंद ।
केशी वध से भयो सर्व, व्रज में आनंद ।। 2

नंद किशोर कृष्णायन गीतमाला, पुष्प 45

(दयालु कन्हैया)

श्लोकः

नाशयति हरिस्तापं विघ्नं दुःखं च पातकम् ।
तं माधवमहं वन्दे बधुं मित्रं च मातरम् ।। 231/2422

स्थायी

---

[14] **सृजान छन्द** : इस 23 मात्रा वाले रौद्राक छन्द के अन्त में दो गुरु मात्रा आती हैं । इसका लक्षण सूत्र 11 + ऽ।, 6 + ऽ। इस प्रकार होता है ।

▶ लक्षण गीत : **दोहा॰ मत्त तेईस का बना, गुरु लघु से है अंत ।**
चौदह कल पर यति जहाँ, "सृजान" जाना छंद ।।

5. Story of Kesi's death (Krishna's Childhood)

श्रीकृष्ण कन्हैया दयालु है, वो स्नेही सखा किरपालु है ।

अंतरा–1

इतनी बेदरदी किस बारे, होश में तू आजा प्यारे ।
चरण में शरण तू आजा उनके, हो जा तू शरधालु रे ।।

अंतरा–2

सरबस पाप हरेंगे तेरे, दुख हरि नास करेंगे तेरे ।
मंगल भजन तू गा उनके, हो जा तू निष्ठालु रे ।।

अंतरा–3

रट ले नाम तू साँझ सकारे, झट से काम बनेंगे तेरे ।
अवगुन कछु न छुपा उनसे, हो जा तू धरमालु रे ।।

(वृंदावन में)

दोहा॰ गो–धन को जो तारता, कहा गया "गोविंद" ।
स्तुति जिसकी गाते सभी, ज्ञानी जन कोविंद ।।

श्लोकः

गा विन्दति स गोविन्दः, केशी गा हर्तुमागतः ।
गावो वेण्वा प्रचोदिताः, केशी गोभिर्हतः खलः ।।

नंद किशोर कृष्णायन गीतमाला, पुष्प 46

भजन : दादरा ताल

कृष्ण का नाम

स्थायी

कृष्ण का नाम मन का लुभाना, बड़ा मंगल है सुंदर सुहाना ।

अंतरा–1

कृष्ण गोविंद गोपाल काला, विष्णु स्वानंद आनंद कान्हा ।
नंद का नंद बाँसुरी वाला, देवकी और यशोदा का लाला ।।

अंतरा–2

श्रीहरि श्याम राधा का प्यारा, बलदाऊ सुदामा दुलारा ।

गोप गोपी के नैनों का तारा, ब्रजवासी जनों का जियारा ।।

अंतरा–3

कंस चाणूर मर्दन मुरारी, कालिया धेनुका पूतनारि ।

दीन बंधु पिता मित्र माता, पार्थ का सारथी योग दाता ।।

दोहा॰ गौ की रक्षा जो करे, कृष्ण कहा "गोविंद" ।
मुरली से लीला करी, "मुरलीधर" व्रजनंद ।।

नंद किशोर कृष्णायन गीतमाला, पुष्प 47

राग खमाज, कहरवा ताल

(राधा)

स्थायी

गिरिधर की है राधा दीवानी, श्यामल हरि व्रज बंसीधर की ।

अंतरा–1

वृंदावन की कुंज गलिन में, कान्हा की मूरत राधा के मन में ।

अंतरा–2

मधुबन के सब गोकुल वासी, पागल निस दिन राधाकिशन में ।

अंतरा–3

भोर में राधा लावत मंथन, खावत नटखट माखन छुपके ।

नंद किशोर कृष्णायन गीतमाला, पुष्प 48

राग खमाज, कहरवा ताल

(राधा दीवानी)

स्थायी

मुरलीधर की राधा दीवानी, छेड़त मोहन कृष्ण कनाई ।

अंतरा–1

रास रचावे कृष्ण कन्हैया, राधा बजावे पायल छम–छम ।

अंतरा–2

कमरिया लचकत बिंदिया चमके, कंगना खनकत डोलत झुमके ।

अंतरा–3

अंगना थैयाथैया मोरवा नाचे, अंबुवा कुहुकुहु कोयल बोले ।

नंद किशोर कृष्णायन गीतमाला, पुष्प 49

राग आसावरी,[15] अद्भुत अनन्य अनूठा अनुप्रास[16]

(मुरली वाला)

स्थायी

लाल गुलाली फूल की माला, डाल गले में मुरली वाला ।
गोकुल वाला बालक ग्वाला, झूलत झूले पर ब्रिजबाला ।।

अंतरा–1

तिल काजल का वनमाली के, लाल गुलाबी गाल पे काला ।

अंतरा–2

संदल[17] तिलक है मंगल लगता, श्यामलहरि के भाल पे पीला ।

अंतरा–3

जूहीचमेली कोमल कलिका, बालों में डाले बाल गोपाला ।

अंतरा–4

जल केलि में ललिता ललना, नंद का लाला खेलत लीला ।

नंद किशोर कृष्णायन गीतमाला, पुष्प 50

खयाल : राग पूर्वी, तीन ताल 16 मात्रा, मध्य लय

---

[15] **राग आसावरी** : यह आसावरी ठाठ का राग है । इसका आरोह है : सा रे म प, ध सां । अवरोह है : सां नि ध प म ग, रे सा ।

▶ लक्षण गीत : **दोहा॰ वर्जित ग नि आरोह में, वादी ग ध संवाद ।**
मधु सुर कोमल ग ध नि से, "आसावरी" निनाद ।।

[16] **अनोखा अनुप्रास :** विशेष बात यह है कि इस संपूर्ण गीत के सभी संज्ञा, विशेषण तथा क्रियापदों में कम से कम एक ल-अक्षर नियोजित करके अनुप्रास सिद्ध किया गया है ।

[17] **संदल** = चंदन ।

5. Story of Kesi's death (Krishna's Childhood)

(मुरली)

स्थायी

प्यारी श्याम की मुरली ।

अंतरा–1

गोपियन व्रज जन गौन दीवानी, जल बिन जस मछली ।

अंतरा–2

बजा रहा बंसी इत कान्हा, उत राधा मचली ।

(व्रज में)

दोहा॰ प्रसन्न व्रजवासी हुए, गौ–बछड़ों को ह्लाद ।
घर–घर में दधि–दूध घी, माखन का उत्पाद ।।

दुग्धामृत भरपूर था, बालक निरोग स्वस्थ ।
अमन–चमन थी स्वर्ग सी, व्रज की भूमि समस्त ।।

<u>नंद किशोर कृष्णायन गीतमाला, पुष्प 51</u>

(मोहन गीत गावे)

स्थायी

मोहन गीत गावे, री मीठे मीठे ।

अंतरा–1

छुप–छुप आवे, माखन खावे, गोपी के शिकवे, री मीठे मीठे ।

अंतरा–2

बंसी बजावे, राधा लजावे, गीत सुनावे, री मीठे मीठे ।

अंतरा–3

रास रचावे, शोर मचावे, नाच नचावे, री मीठे मीठे ।

अंतरा–4

रात जगावे, नींद चुरावे, सपने दिखावे, री मीठे मीठे ।

5. Story of Kesi's death (Krishna's Childhood)

नंद किशोर कृष्णायन गीतमाला, पुष्प 52

राग केदार,[18] तीन ताल

(श्याम की राधा)

स्थायी

मुरली सुनत है श्याम की राधा, मोर पपीहा नाचत थैया ।
नील गगन में चाँद है आधा ।।

अंतरा–1

कोयल कुहू कुहू सुंदर बाँधा, सौरभ चंपक रजनी गंधा ।
वृंदावन में दंग है वसुधा ।।

अंतरा–2

हिंदोले पर झूलत झूला, मोहन गोपियन गोपी बाला ।
बंसी बजावत देवकी नंदा ।।

नंद किशोर कृष्णायन गीतमाला, पुष्प 53

(गिरिधर)

स्थायी

गिरिधर! मुरली का सुर प्यारा ।
राधा होत दीवानी, आभारी व्रज सारा ।।

अंतरा–1

दुखियन को देता है हृष्टि, सुख से भरता सृष्टि ।
प्यासन की तू पयस की धारा, निर्बल का आधारा ।।

अंतरा–2

अंधन की तू अंतर् दृष्टि, माता सम है प्यारा ।
बेनजर को देत नजारा, मझधार में किनारा ।।

---

[18] 𝄞 **राग केदार** : यह कल्याण ठाठ का राग है । इसका आरोह है : सा म, म प, ध प, नि ध सां । अवरोह है : सां नि ध प, मं प ध प म, रे सा ।

▶ लक्षण गीत : ✍ **दोहा॰ वर्ज्य रे ग आरोह में, अवरोह में ग त्याग ।**
म सा वादि संवाद का, द्वै म "केदार" राग ।।

5. Story of Kesi's death (Krishna's Childhood)

नंद किशोर कृष्णायन गीतमाला, पुष्प 54

राग केदार, कहरवा ताल

(बाजे मुरलिया)

स्थायी

सुध-बुध खो गई श्याम की राधा ।
नंद किशोर की बाजे मुरलिया, कारी बादरिया में चाँद है आधा ।।

अंतरा–1

पायल घुँघरू मोहन माला, नैनन सुंदर काजल काला ।
मोर पपीहा सुस्वर बाँधा ।।

अंतरा–2

शीतल मंजुल मंद पवन है, आनंदित सब नंद भवन है ।
कारी बादरिया में चाँद है आधा ।।

नंद किशोर कृष्णायन गीतमाला, पुष्प 55

(केशी की कथा)

स्थायी

स्वरदा ने सुंदर गाया है, नारद ने साज बजाया है ।
रतनाकर गीत रचाया है ।।

अंतरा–1

बोला कंस, कृष्ण में वह क्या है, उँगली पर गिरि को उठाया है ।
मुनि नारद बोले माखन का, यह जादू है सब गौअन का ।
दधि दूध से ये बल आया है ।।

अंतरा–2

कहा कंस ने केशी! तुम जाओ, सब गौअन उनकी ले आओ ।
केशी ने गौएँ हरण करी, जन बोले तू हि बचा, रे हरि! ।
गौअन का तूही सहाया है ।।

अंतरा–3

हरि मुरली मधुर बजायो रे, गौअन ने इशारा पायो रे ।
दौड़ी केशी पर गौ सारी, छाती उसकी गौ ने फाड़ी ।
हरि व्रज के धन को बचाया है ।।

6. Story of Akrur ji (Krishna's Childhood)

सर्ग ६
अक्रूर जी की कथा
6. Story of Akrur ji (*Krishna's Childhood*)

♫ नंद किशोर कृष्णायन छन्दमाला, मोती 10

सुंदरलेखा छन्द[19]

ऽ ऽ ऽ, ऽ ऽ।, । ऽ ऽ

(अक्रूर जी)

क्रीड़ा खेला कंस रचा है, कान्हा की हत्या वह चाहे ।
लाने को अक्रूर गया है, मामा चिंताहीन भया है ।।

नंद किशोर कृष्णायन गीतमाला, पुष्प 56

खयाल, राग दरबारी कानडा, तीन ताल 16 मात्रा

(सूरत सुंदर)

स्थायी

सूरत सुंदर मूरत मंगल, कंगन कुंतल कुंदन कुंडल ।
कटि पर सोहे, पीत पीतांबर ।।

अंतरा–1

भजन है सुंदर, आरती सुंदर, वन्दन वन्दन देवकी नंदन ।
डोले धरती, डोले अंबर ।।

कथा

---

[19] **सुंदरलेखा छन्द** : इस नौ वर्ण, 16 मात्रा वाले छन्द के चरण में म त य गण आते हैं । इसका लक्षण सूत्र ऽ ऽ ऽ, ऽ ऽ।, । ऽ ऽ इस प्रकार है । चरणान्त विराम है ।

▶ लक्षण गीत : **दोहा॰ सोलह मात्रा का बना, नौ अक्षर का वृंद ।**
तीन जहाँ गण म त य हों, "सुंदरलेखा" छंद ।।

6. Story of Akrur ji (Krishna's Childhood)

(कंस)

दोहा॰ मंत्री मण्डल सब मरा, अंधकार में ज्योत ।
बचा अन्त में एक ही, कंस-सचिव प्रद्योत ।। 33

दीप विहीनी रात में, जगमगता खद्योत ।
मंत्री अब है कंस का, एक मात्र प्रद्योत ।। 34

(प्रद्योत)

दोहा॰ कही सचिव प्रद्योत ने, कंसराज से बात ।
हुआ न हमसे आज तक, बाल कृष्ण का घात ।।

मंत्री हमरे सब गये, बचा न कोई और ।
अब भी माखन खात है, कान्हा माखन चोर ।।

दास वहाँ पर जो गया, लौट न पाया कोय ।
लाएँ कान्हा को यहीं, उपाय सच्चा होय ।।

करें बहाना खेल का, गुप्त बिछाएँ जाल ।
कान्हा जब आए यहाँ, चलिये उस पर चाल ।।

खेलों का मेला रचें, दिखावटी हम भव्य ।
करे निमंत्रित कृष्ण को, बल दिखलाने दिव्य ।।

मथुरा में लाकर उसे, लेजाएँगे दूर ।
निहत्थे बाल कृष्ण को, मारेगा चाणूर ।।

(इस कारण)

भेजेंगे अक्रूर को, लाने राधेश्याम ।
घणे मित्र हैं नंद के, यदु कुल के परधान ।।

 नंद किशोर कृष्णायन गीतमाला, पुष्प 57

(सिद्धि)

स्थायी

अनुकूलबुद्धिर्ददाति सिद्धिम्, विनाशसमये विपरीतबुद्धिम् ।
ये तो जुग-जुग की है रीति ।।

अंतरा–1

भाग जगेगा, उसे सुबद्धि, विनाश काले विपरीत बुद्धि ।
बंदे! करले हरि से प्रीति ।।

अंतरा–2

उसे किसी से नहीं है भीति, जिसकी हरि चलावे किश्ती ।
बंदे! प्रीत हरि को भाती ।।

अंतरा–3

जिसके मति में नहीं है भ्रांति, उसके मन में सदा है शाँति ।
बंदे! बाजी उसी ने जीती ।।

अंतरा–4

खोज हरि किरपा की कुंजी, तुझे मिलेगी अपार पूँजी ।
बंदे! राम नाम के मोती ।।

नंद किशोर कृष्णायन गीतमाला, पुष्प 58

(हरि शरण)

स्थायी

बात सुनो तुम शरण में आओ, जीवन को मत व्यर्थ गवाँओ ।
हरि जग पालनहारा है, भव–जल खेवनहारा है ।।

अंतरा–1

नैया तेरी बीच भँवर में, भैया! तेरी दूर डगर है ।
साथ न कोई आया है, हरि अब एक सहारा है ।। हरि जग ...

अंतरा–2

जब तूफाँ में नाव है खड़ी, पीर दुखों की भीड़ है बड़ी ।
अंतिम समय पधारा है, हरि तेरा एक किनारा है ।। हरि जग ...

अंतरा–3

भवसागर में तू अकेला है, तू जाने ना ये खेला रे! ।
तज दे पाप का फेरा रे! हरि! हरि! नेक विचारा है ।। हरि जग ...

(अक्रूर जी)

दोहा॰ लेकर आज्ञा कंस से, यथार्थ से अनजान ।
भोले मन अक्रूर जी, निकले सह सम्मान ।।

6. Story of Akrur ji (Krishna's Childhood)

नंद भवन में आगये, यदु नायक अक्रूर ।
प्रतिनिधि बन कर कंस के, मथुरा-अधिपति क्रूर ।।

बोले बाबा नंद को, मथुरा में है खेल ।
विविध-विविध प्रतियोगिता, मन-रंजन का मेल ।।

(आयोजन)

कृपया भेजो कृष्ण को, अनुमति चाहूँ तोर ।
दिखलाने नृप कंस को, दुग्धामृत का जोर ।।

संरक्षण गोविंद का, स्वयं करूँगा आप ।
उसे न होगा दुःख वा, ना कोई भी ताप ।।

देखेंगे व्रज जन सभी, बाल कृष्ण के काम ।
ऊँचा होगा जगत में, यादव कुल का नाम ।।

आयोजन अति भव्य है, कला-शक्ति का योग ।
आवेंगे वह देखने, दूर दूर के लोग ।।

ऐसा उत्सव ना हुआ, होगा कहीं न और ।
विविध खिलाड़ी बाँकुरे, खेलेंगे जिस तौर ।।

जीतेंगे जो खेल में, सब धन्य कलाकार ।
पाएँगे वे कंस से, अति श्रेष्ठ पुरस्कार ।।

ऐसा मौका फिर कभी, मिले न दूजी बार ।
कंसराज ने है कहा, सहित कृष्ण को प्यार ।।

ॐ श्लोकौ

अन्त्यो मन्त्री स कंसस्य प्रद्योत आह स्वामिनम् ।
आह्वयतु हरिं स्वामिन्-क्रीडास्पर्धोत्सवे नृप ।।

अक्रूरं सद्य प्रेषस्व कृष्णमानेतुमुत्सवे ।
अक्रूरं नन्दिनी ब्रूते कथं नयसि त्वं हरिम् ।।

(यशोमती)

6. Story of Akrur ji (Krishna's Childhood)

दोहा॰ सुन बातें अक्रूर की, यशोमती घबराय ।
क्या बोलूँ यदुराय को, उसकी समझ न आय ।।

बोली वह श्रीकृष्ण को, मत जा, मेरे लाल! ।
किये बहाना खेल का, कंस बनेगा काल ।।

मथुरा मरघट है बनी, वहाँ सिपाही-राज ।
फँस कर उसके जाल में, बिगड़ न जावे काज ।।

ॐ श्लोकः
मा नय मथुरायां त्वं कृष्णं कंसो हनिष्यति ।
चिन्तयतु यशोदे मा संरक्षिष्याम्यहं हरिम् ।।

नंद किशोर कृष्णायन गीतमाला, पुष्प 59

(गोविंद हमारा प्यारा)

स्थायी

अजि अक्रूर जी, गोविंद हमारा प्यारा ।
मत भेजो उसको मथुरा ।।

अंतरा–1

ग्वाल बाल का बनवारी, गोपियन का चितहारी ।
व्रज वालों का गिरिधारी, हमरे नैनन का तारा ।।

अंतरा–2

गलियन में रास रचावे, मनहारी बंसी बजावे ।
हरि सबसे नेहा लगावे, वृंदावन उसका यारा ।।

अंतरा–3

राधा के मन में समाया, निश-दिन मन को भाया ।
कण-कण में रंग जमाया, राधिका का वो है जियारा ।।

(कान्हा)

दोहा॰ सुन कर माता का कहा, कान्हा को अवसाद ।

बोला वह, कुछ सोचकर, जरा देर के बाद ।।

कान्हा बोला मातु को, सही तिहारे बोल ।
मातृ प्रेम सुत के लिये, त्रिभुवन से बहुमोल ।।

माता जाने क्या सही, पुत्र के लिये काम ।
कहाँ पुत्र का है भला, कहाँ बुरा अंजाम ।।

माता सम कोई नहीं, सदा सर्व हितकार ।
माता सम दाता नहीं, सदा सर्व सुखकार ।।

माता मूर्ति स्नेह की, माता देवी रूप ।
माता जैसा गुरु नहीं, माता ब्रह्म स्वरूप ।।

मातृ प्रीति-भंडार है, मंगल नक्श ललाम ।
माता सुंदर नाम है, ममता का गोदाम ।।

ॐ श्लोकः

माता लक्ष्मीश्च दुर्गा च माता सरस्वती पुनः ।
जन्मदा दुग्धदा माता पालिका वसुधा तथा ।।

नंद किशोर कृष्णायन गीतमाला, पुष्प 60

(माता)

ॐ श्लोकः

मात्रा समा कुतश्छाया माता हि परमा मतिः ।
मात्रा समा प्रिया नास्ति माता स्वर्गपरा गतिः ।।

स्थायी

माता-पिता हैं भाग्य में जिसके, वो क्यों भागे तीरथ धाम ।
माता-पिता के आशीष जिस पर, पूरण होते उसके काम ।।

अंतरा-1

माता जैसा गुरु न कोई, माता में ना गरूर कोई ।
ना ही उसमें सरूर कोई, ब्रह्मा विष्णु महेश नाम ।।

अंतरा-2

माता स्नेह की मूरत प्यारी, ईश्वर की है सूरत न्यारी ।
त्रिभुवन की है कूवत सारी, निर्मल मंगल रूप ललाम ।।

अंतरा–3

जिसके माता–पिता नहीं हैं, उसके मातंग चिता यहीं हैं ।
उसको ममता नहीं कहीं है, उसे सहारा है भगवान ।।

अंतरा–4

माता दुर्गा लक्ष्मी बनाम, माता को निश–दिन हो प्रणाम ।
जग में सुंदर तीन हैं नाम, मातु पिता अरु हरि घनश्याम ।।

(कान्हा)

दोहा॰ जनम जो देती मातु है, पाले सो भी मात ।
श्रेष्ठ स्वर्ग से मातु है, जन्मभूमि है मात ।।

माता मेरी देवकी, जननी जो कहलाय ।
माता यशोमती तथा, पालन कर्त्री माय ।।

जन्मभूमि माँ भारती, जीवन यान चलाय ।
तीनों को जो मुक्ति दे, सो ही सुत कहलाय ।।

जन्मभूमि, जननी तथा, कैद में पड़ीं रोय ।
मुक्त उभय को मैं करूँ, मेरा करतब होय ।।

मथुरा की जनता सभी, पीड़ित है दिन–रात ।
दुष्ट कंस की कैद में, बंद देवकी मात ।।

उनका मोचन मैं करूँ, दुष्ट कंस को ताड़ ।
तजे न यदि वो पाप को, देना होगा मार ।।

(अत:)

दोहा॰ मोचन उनका हो तभी, जब असफल हो कंस ।
असफल होगा वो तभी, जब हो उसका ध्वंस ।।

ॐ श्लोकः

मोचयितुं नु गन्तव्यं कारायाः पितरौ मया ।
सर्वानन्यांश्च ये बद्धा हत्वा कंसं महाखलम् ।।

6. Story of Akrur ji (Krishna's Childhood)

 नंद किशोर कृष्णायन गीतमाला, पुष्प 61

(नंदलाल)

स्थायी

माँ मुझे देवकी का ही, नंद ना कहो ।
मैं नंद दुलारा माँ, तुम्हारा भी हूँ ।।

अंतरा–1

देवकी माता मुझको है, जनम दिया,
तुमने प्रेम से मुझको, बड़ा है किया ।
मुझे नंद गोपाला, नंद लाला कहो,
अँखियन का तारा मैं, तुम्हारा भी हूँ ।।

अंतरा–2

माँ तुम्हीं ने है मुझको, सहारा दिया,
जो कुछ भी हूँ माँ मैं, तुम्हारी कृपा ।
मुझे मुरली वाला तुम, नंद ग्वाला कहो,
ममता का मारा मैं, तुम्हारा भी हूँ ।।

अंतरा–3

मथुरा से मैं आया हूँ, तुम्हारे यहाँ,
गोकुल से फिर वृंदावन, तुम्हारा कहा ।
मुझे मथुरा जाने दो, ना मत कहो,
प्यारा बेटा मैं माते! तुम्हारा भी हूँ ।।

(हे मैया!)

दोहा॰ जाना ही होगा मुझे, आज निभाने कर्म ।
बलदाऊ भी संग है, करने सफल स्वधर्म ।।

जाने दे माते! मुझे, उनकी सुनो पुकार ।
निष्क्रिय जीवन व्यर्थ है, मुझको न दे नकार ।।

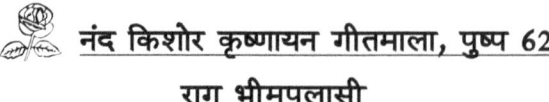

नंद किशोर कृष्णायन गीतमाला, पुष्प 62

राग भीमपलासी

6. Story of Akrur ji (Krishna's Childhood)
(मोहे जाने दे)

स्थायी

जाने दे मोहे मथुरा मैया, संग मेरे बलदाऊ भैया ।

अंतरा-1

वृंदावन है स्वर्ग समाना, मथुरा मरघट बनी है दैया ।
मत जा कंस के पास कन्हैया ।।

अंतरा-2

दही माखन है वृंदावन में, गोप गोपिका ग्वाले गैया ।
मत जा मत जा पड़ूँ मैं पैंया ।।

अंतरा-3

सत् चित् आनंद अपने मन में, मथुरा बनी है मौत की शैया ।
जमुना के तू पार न जैंया ।।

 नंद किशोर कृष्णायन गीतमाला, पुष्प 63

(अक्रूर जी की कथा)

स्वरदा ने सुंदर गाया है, नारद ने साज बजाया है ।
रतनाकर गीत रचाया है ।।

अंतरा-1

जब कंस के मंत्री थे हारे, यम पुर को पहुँचे बेचारे ।
वो बोला, अक्रूर जी! जाओ, तुम कृष्ण को मथुरा ले आओ ।
मैंने क्रीड़ा खेल रचाया है ।।

अंतरा-2

जब नंद को अक्रूर जी बोले, हैं विधि ने दरवाजे खोले ।
मथुरा में लगना मेला है, उत मल्ल युद्ध का खेला है ।
मैं कृष्ण को लेने आया हूँ ।।

अंतरा-3

"मत जा कान्हा" बोली मैया, अब मथुरा मरघट है दैया! ।
"माँ! जाने दे," काहे चिंता, मोहे बुला रही दूजी माता ।
अब मरना कंस का आया है ।।

7. Story of Chanur and Mushtik (Krishna's Childhood)

सर्ग ७

चाणूर-मुष्टिक की कथा

7. Story of Chanur and Mushtik (*Krishna's Childhood*)

♫ नंद किशोर कृष्णायन छन्दमाला, मोती 11

चंडालिनी छन्द[20]

। ऽ । + 4 + ऽ । ऽ

7 + । ऽ ।

(चाणूर मुष्टिक)

हना किशन चाणूर को । मुष्टिक को बलराम ।। 1
अवाक् बन मामा कहे । बिगड़ गयो सब काम ।। 2

(यशोदा)

दोहा० **माता बोली कृष्ण को, सच्चे तेरे बोल ।**
नष्ट दुष्ट वह कंस हो, यही कार्य बहुमोल ।।

बेटा! जाओ हर्ष से, करो तुम्हीं उद्धार ।
अनृत को नृत च्युत करे, कान्हा! धन्य तिहार ।।

कार्य निभाने जा रहे, उत्तम ध्येय तिहार ।
विजयी हो सुत! तुम वहाँ, इच्छा यही हमार ।।

तिलक लगाया मातु ने, आशिष दीन्हे लाख ।
करी प्रार्थना राम से, "मेरे सुत को राख" ।।

---

[20] **चंडालिनी छन्द :** जिस दोहे के विषम पदों के आरंभ में ज गण (। ऽ।) आता है उसको चंडालिनी कहते हैं । चंडालिनी में विषम पदों में 13 मात्रा और सम पदों में 11 मात्रा होतीं हैं । अक्षरों का बंधन नहीं होता है । विषम चरण के अन्त में लघु गुरु वर्ण अथवा र गण (ऽ। ऽ) आता है और सम चरण के अंत में गुरु लघु वर्ण आता है अथवा ज गण (। ऽ।) आता है । चरणान्त विराम ।

▶ लक्षण गीत : **दोहा० जिस दोहे के विषम में, लघु गुरु लघु आरंभ ।**
तेरह ग्यारह मत्त का, "चंडालिनी" है छंद ।।

7. Story of Chanur and Mushtik (Krishna's Childhood)

ॐ श्लोकः

गच्छ सबलरामस्त्वं यशस्वी भव पुत्रक ।
करणीयं यथा कार्यं हन्यो हन्यस्तथा त्वया ।।

नंद किशोर कृष्णायन गीतमाला, पुष्प 64

(जाओ हरि!)

स्थायी

कान्हा! कंस–दमन तुम जाओ, गिरिधर! कार्य सफल कर आओ ।

अंतरा–1

राह तकत है देवकी मैया, वसुदेव जी अग्रसेन जी ।
अब, जाके उन्हे छुड़वाओ ।।

अंतरा–2

माँ के आशीष साथ तिहारे, बलदाऊ भी संग तुम्हारे ।
मत, बैरी से घबराओ ।।

अंतरा–3

राधा गोपी गोप सुदामा, जन वृंदावन गोकुल धामा ।
तुम, सारा व्रज हरषाओ ।।

अंतरा–4

भारत नारी धर्मचारिणी, कहती तुमको मातु नंदिनी ।
हरि! कार्य करम दिखलाओ ।।

कथा

(मथुरा गमन)

दोहा॰ मथुरा वाली सड़क जो, रहती थी वीरान ।
कंसचरों का डर सदा, जो ले लेते प्राण ।।

आज उसी पथ पर चले, मथुरा को गोविंद ।
स्वागत करने कृष्ण का, खड़े लोग सानंद ।।

लोग कर रहे कृष्ण की, सब मुख जय जयकार ।
और चढ़ाते कृष्ण को, फूल गुलाबी हार ।।

दर्शन करने थे खड़े, लोग हाथ को जोड़ ।
नाच रहे थे हर्ष में, भगत लाज को छोड़ ।।

सबके मन में आस थी, मिले कृष्ण को जीत ।
जीत कर प्रतियोगिता, कंस पड़ेगा चित ।।

♫ **नंद किशोर कृष्णायन छन्दमाला, मोती 12**

कज्जल छन्द[21]

11 + ऽ।

(मथुरा में क्रीडा)

मथुरा में सजा है मंच । कृष्ण-वध को आतुर कंस ।। 1
हरि बलराम न डरे रंच । भया कंस स्वयं का ध्वंस ।। 2

(फिर मथुरा में, समारंभ)

✍**दोहा॰** **क्रीड़ोत्सव का भव्य था, रचा गया पंडाल ।**
सजा दिया अभिराम था, कंसराज चंडाल ।।

क्रीड़ांगण के मध्य में, आखाड़े की शान ।
तीन तरफ प्रेक्षक सभी, एक तरफ महमान ।।

महमानों के बीच में, सिंहासन पर कंस ।
अलग-अलग आसीन थे, मंत्रीगण के वंश ।।

मुख्य द्वार सुंदर सजा, ऊँचा बहुत विशाल ।
आया रथ श्रीकृष्ण का, बरसे फूल, गुलाल ।।

सुंदर ललना सात थीं, लायी पूजा थाल ।
जय! जय! से, श्रीकृष्ण की, गरज गया पंडाल ।।

समारंभ में आगये, जभी बाल गोविंद ।

---

[21] **कज्जल छन्द** : इस 14 मात्रा वाले आदित्य छन्द के चरण के अंत में एक दीर्घ और एक लघु मात्रा आती है ।

▶ लक्षण गीत : ✍ **दोहा॰ चौदह मात्रा से रचा, गुरु लघु से हो अंत ।**
वर्ग आदित्य है जिसे, "कज्जल" जाना छंद ।।

मथुरा जनता ने किया, स्वागत सह आनंद ।।

(मगर)

बोले संत्री कंस के, बंद करो ये घोष ।
जय जय केवल कंस की, देत हमें संतोष ।।

अन्य किसी की जय यहाँ, कर ना सकते आप ।
गुनहगार को कैद में, बहुत मिलेग ताप ।।

सहम गयी जनता सभी, लोग होगये शाँत ।
जनता सारी चुप हुई, जैसे हो एकाँत ।।

(चाणूर मुष्टिक)

✍दोहा॰ ज्यों ही रथ श्रीकृष्ण का, भीतर किया प्रवेश ।
झपट पड़ा चाणूर था, बिना किसी आदेश ।।

मुष्टिक भी बलराम पर, करने उनको शेष ।
ताली कंस बजा रहा, सहित घोर आवेश ।।

(युद्ध)

✍दोहा॰ हुआ युद्ध घमसान फिर, दो बालक, दो मल्ल ।
बालकृष्ण–बलराम ने, दिखला दिया भुजबल ।।

गुत्थमगुत्था फिर हुआ, उठा पटक घनघोर ।
कंस दास चित पड़ गये, विना मचाए शोर ।।

ॐ श्लोकाः

आगतः स्वागते भव्ये श्रीकृष्णो मथुरां यदा ।
चाणूरः कृष्णयक्राम्यद्–बलरामे च मुष्टिकः ।।

कृष्णो मुष्टिप्रहारेण द्रुतञ्चाणूरमक्षिणोत् ।
लाङ्लेनातुदन्मल्लं बलरामश्च मुष्टिकम् ।।

प्रद्योतेन समाक्षिप्तो महाकायो महागजः ।
मत्तः कुवलयापीडो हतः कृष्णेन लीलया ।।

7. Story of Chanur and Mushtik (Krishna's Childhood)

दोहा॰ हार गए जब कंस के, सारे मानव वीर ।
छोड़ा हरि पर कंस ने, हाथी कुवलयपीड़ ।।

नंद किशोर कृष्णायन गीतमाला, पुष्प 65

(चाणूर मुष्टिक की कथा)

स्थायी

स्वरदा ने सुंदर गाया है, नारद ने साज बजाया है ।
रतनाकर गीत रचाया है ।।

अंतरा–1

मैया बोली, सुत! तुम जाओ, नभ वाणी को सच करवाओ ।
हरि बलदाऊ मथुरा आए, मथुरा जन से स्वागत पाए ।
क्रीड़ा मैदान सजाया है ।।

अंतरा–2

ज्यों ही रथ से उतरा कान्हा, चाणूर मुष्टिक हमला कीन्हा ।
घनघोर हुआ युध मुष्टि का, दो–दो मल्लों की कुश्ती का ।
नृप कंस बहुत हरषाया है ।।

अंतरा–3

मुष्टिक को राम लिटाया है, चाणूर को श्याम मिटाया है ।
दधि दूध का जोर दिखाया है, मामा को सबक सिखाया है ।
"जय कृष्ण!" जनन ने गाया है ।।

8. Story of the Kuvalayapid elephant (Krishna's Childhood)

सर्ग ८
कुवलयापीड़ की कथा

8. Story of the Kuvalayapid elephant (*Krishna's Childhood*)

♪ नंद किशोर कृष्णायन छन्दमाला, मोती 13

मेधविस्फूर्जिता छन्द[22]

। S S, S S S, । । ।, । । S, S । S, S । S, S

(कुवलयापीड़ हाथी)

पिला के दारू कुंजर कुवलयापीड़ को, मार कोड़ा ।
चिढ़ा के हाथीराज वध करने कृष्ण पे, कंस छोड़ा ।। 1
त्वरा से कान्हा ने गज कुवलयापीड़ का, दाँत तोड़ा ।
बिना चिंता से कूद सिर पर मातंग का, शीश फोड़ा ।। 2

📖 कथा 📖

(कुवलयापीड़)

✎ दोहा॰   हार गये जब कंस के, और मरे सब वीर ।
          छोड़ा हरि पर कंस ने, हाथी कुवलयापीड़ ।।

          हाथी कुवलयापीड़ था, उसका अंतिम तीर ।
          बचा न कोई वीर अब, उसके पास सुधीर ।।

          एक कुवलयापीड़ था, हाथी बहुत विशाल ।
          पथ में सब कुछ कुचलता, जैसे हो भूचाल ।।

          मद्य पिला कर हस्ति को, किया खूब मदमस्त ।

---

[22] **मेधविस्फूर्जिता छन्द** : इस 19 वर्ण, 30 मात्रा वाले छन्द के चरण में य म न स र र गण और एक गुरु वर्ण आता है । इसका लक्षण सूत्र । S S, S S S, । । ।, । । S, S । S, S । S, S इस प्रकार है ।

▶ लक्षण गीत : ✎ दोहा॰   मात्रा तीस सजीं जहाँ, गुरु मात्रा से अंत ।
                         कहा "मेधविस्फुर्जिता," य म न स र र गण छंद ।।

छोड़ा उसको कृष्ण पर, करने को उध्वस्त ।।

(जब)

दोहा॰ टूट पड़ा वह कृष्ण पर, करने उसको चूर ।
कान्हा हट कर मार्ग से, सरक गया कुछ दूर ।।

चढ़ा करी के पीठ पर, तोड़ा उसका दाँत ।
सिर पर ताड़ा दाँत वो, करने उसका घात ।।

गज धरती पर गिर पड़ा, गया तुरत दम तोड़ ।
अंतिम चेला कंस का, गया जगत को छोड़ ।।

(तब)

दोहा॰ मरा कुवलयापीड़ जब, महान गज निष्पाप ।
मथुरा में अब है बचा, कंस अकेला आप ।।

नंद किशोर कृष्णायन गीतमाला, पुष्प 66

(हरि बलदाऊ)

स्थायी

हरि बलदाऊ आए मथुरा, राधा यशोदा वृंदावन में ।

अंतरा–1

इत आनंद की लड़ी जन गण में, उत है भरी आतुरता मन में ।

अंतरा–2

माँ ने आशीष धरा है जिन पर, मिले सफलता उनको रण में ।

अंतरा–3

गौ माता पय भरा है जिनमें, हस्ति का बल खरा है उनमें ।

अंतरा–4

सद्गुण माया जिन कण–कण में, महान है छमता उनके तन में ।

नंद किशोर कृष्णायन गीतमाला, पुष्प 67

(कुवलयापीड़ की कथा)

स्थायी

स्वरदा ने सुंदर गाया है, नारद ने साज बजाया है ।

8. Story of the Kuvalayapid elephant (Krishna's Childhood)

रतनाकर गीत रचाया है ।।

अंतरा–1

अब कंस ने अंतिम दाव लड़ा, एक हाथी कुवलयपीड़ बड़ा ।
उसको मारके चाबुक कोड़ा, मदमस्त हस्ति हरि पर छोड़ा ।
वह हाथी दौड़ा आया है ।।

अंतरा–2

दाँत हरिऽ ने उसका तोड़ा, सिर पर ताड़के माथा फोड़ा ।
गिर कर धरती पर वो आड़ा, हरि पग में दम उसने तोड़ा ।
वह हरि की शरणन पाया है ।।

अंतरा–3

जब कंस का अंतिम वीर मरा, श्रीकृष्ण का कंस ने हाथ धरा ।
उसको मायागृह में लाया, बोला अब तू पकड़ में है आया ।
अब तेरा मातम आया है ।।

9. Story of Kaňsa's death (Krishna's Childhood)

सर्ग ९
कंसनिकंदन की कथा
9. Story of Kaňsa's death (*Krishna's Childhood*)

♫ नंद किशोर कृष्णायन छन्दमाला, मोती 14

कौमुदी छन्द[23]

।।।, ऽ ऽ।, ऽ ऽ।, ऽ ऽ।, ऽ

(कंसनिकंदन)

मर गए कंस के वीर सारे जभी ।
महल में कृष्ण को कंस लाया तभी ।। 1
"अब दिखा कृष्ण! तेरी मुझे शक्ति तू ।
अब तुझे कौन तारे बता, युक्ति तू" ।। 2

(कृष्ण-बलराम)

दोहा॰ मरा कुवलयापीड़ जब, खेल होगया अंत ।
लोक विसर्जित होगये, जिनको हर्ष अनंत ।।

कहा तभी बलराम ने, चलो बंधु गोविंद ।
मुक्त करें जो कैद में, किये कंस ने बंद ।।

ॐ श्लोकाः

नावशिष्टो यदा कोऽपि वीरः कंसस्य किङ्करः ।
क्रीडास्पर्धोत्सवः शेषं मथुराया गतस्तदा ।।

बलरामं ततः कृष्ण आह बन्धो चलाधुना ।
काराया मोचयिष्यावो मातरं पितरं तथा ।।

---

[23] **कौमुदी छन्द** : इस 13 वर्ण, 20 मात्रा वाले छन्द के चरण में न त त त गण और एक गुरु वर्ण आता है । इसका लक्षण सूत्र ।।।, ऽ ऽ।, ऽ ऽ।, ऽ ऽ।, ऽ इस प्रकार होता है । चरणान्त यति होता है ।

▶ लक्षण गीत : **दोहा॰ न त त त गण का क्रम जहाँ, गुरु मात्रा हो अंत ।**
बीस मत्त का वृंद जो, कहा "कौमुदी" छंद ।।

9. Story of Kaňsa's death (Krishna's Childhood)

यावद्बन्धुः "समीचीनम्-" उवाच भ्रातरं लघुम् ।
तावद्धृत्वा हरिं कंसो मायागृहे तमानयत् ।।

📖 कथा 📖

(कंस)

✍दोहा॰ उसी समय पर आगया, कंस कृष्ण के पास ।
जिसने सारे कंस के, मार दिये थे दास ।।

पकड़े उसने कृष्ण के, कस कर दोनों हाथ ।
और उठाया काँध पर, बड़े जोर के साथ ।।

बोला उसने कृष्ण को, अब है तेरा अंत ।
अब न बचेगा तू कभी, मारूँ तुझे तुरंत ।।

(मयशाला)

✍दोहा॰ मयशाला में आगया, द्वार कर दिया बंद ।
भाग न पाये तू कहीं, कर जो तुझे पसंद ।।

खूब बजा ले बाँसुरी, दिखा दुग्ध का जोर ।
बचावे न कोई तुझे, खूब मचा ले शोर ।।

मयशाला यह व्यूह है, माया से परिपूर्ण ।
शस्त्र अस्त्र से है भरी, महा घोर संपूर्ण ।।

(और)

माया सीखे थे यहीं, मेरे सारे दास ।
जैसी शिक्षा ना कहीं, और किसी के पास ।।

पूतना ने जहर की, सीखी कला महान ।
तृणावर्त को था मिला, चंडवात का ज्ञान ।।

वत्सासुर ने वत्स का, रूप, खड्ग सम दाँत ।
सीखा था इस भवन में, कैसे करना घात ।।

बगुला बनने की कला, तलवारों सी चोंच ।
दास बकासुर ने यहीं, की थी अवगत सोच ।।

रूप अजगर का लिये, खाना नर पशु नीक ।
सीख अघासुर को मिली, मयशाला में ठीक ।।

गरल कालिया को मिला, कालकूट सा घोर ।
युग युग माया महल में, करके यत्न कठोर ।।

मिला चाणूर को यहीं, मल्ल कला का ज्ञान ।
मुष्टिक को भी था मिला, उच्च मल्ल का स्थान ।।

ऐसे इस महल में, इन्द्रजाल अधिकांश ।
मिली मुझे है अमरता, बोला मामा कंस ।।

ॐ श्लोकाः

इन्द्रजालमया शाला पठन्त्यत्रासुराः खलाः ।
मदोन्मत्ता महादुष्टा नानामायासमावृताः ।।

द्वारञ्च पिहितं कृत्वा कंसः स कृष्णमब्रवीत् ।
दर्शय दुग्धशक्तिं ते संरक्षिष्यति त्वां कथम् ।।

महाबली च वीरोऽहं सर्वमायासमावृतः ।
अस्त्राणि कृष्ण शस्त्राणि शस्त्रागारे स्थितानि मे ।।

इतस्त्वं जीवितं जातु कृष्ण गन्तुं न शक्ष्यसे ।
अस्मान्मायागृहान्नास्ति कृष्ण ते कोऽपि त्रातकः ।।

(चौपाई)

द्वार बंद भवन का करके, कंस कृष्ण पर गदास्त्र धरके ।
बोला, बल अब दिखला मुझको, कौन बचा पाएगा तुझको ।।

दिखा दुग्ध की माया तेरी, अब तू बंसी बजा बतेरी ।
अब तक जान बचा पाया है, आज पकड़ में तू आया है ।।

मेरे तन में हस्ती बल है, शस्त्र-अस्त्र ब्रह्मास्त्र सकल हैं ।
तुझे नहीं मैं अब छोड़ूँगा, रग रग तेरी मैं तोड़ूँगा ।।

(कृष्ण)

दोहा॰ कौन किसे है मारता, किसका है यह काज ।

अमृत पुण्य, विष पाप है, यही गुह्य का राज ।।

"पाप-पुण्य कुल जोड़ कर, जमा करम जो होय ।
पापों का घट जब भरे, बचा सके ना कोय" ।।

(चौपाई)

पुण्य पाप का हिसाब करके, बचा हुआ सो चढ़ता सर पे ।
पुण्य मनुज को भय से तारे, पाप हमारा हमको मारे ।।

पाप और तुम करो न मामा! दुराचार की नहीं है सीमा ।
अभी समय है तय करने का, विमुख पाप से है रहने का ।।

अभी समय है पछताने का, अभी समय है सुलझाने का ।
दुआर बंदीगृह के खोलो, क्षमा याचना सबसे बोलो ।।

(कान्हा)

✍दोहा॰ **कहा कृष्ण ने कंस को, और करो मत पाप ।**
पछताने का समय है, वरन मिलेगा शाप ।।

बंदी गृह को खोल दो, छोड़ो जन निष्पाप ।
क्षमा माँगलो जनन से, करलो हरि का जाप ।।

(कंस)

✍दोहा॰ **कहा कंस ने कृष्ण को, समझ न आयी बात ।**
मुझे क्षमा की गरज क्या, तेरा होगा घात ।।

मैं बलशाली वीर हूँ, तू है नन्हा ग्वाल ।
हाथी जैसा बल मुझे, मैं हूँ तेरा काल ।।

ॐ श्लोकाः

कृष्ण उवाच कंसं तु को वा मातुल हन्ति कम् ।
आत्मनः पापमात्मानं हन्ति नान्योऽस्ति घातकः ।।

त्वया सद्योऽपि कर्तव्यः पश्चातापो यदीच्छसि ।
भूत्वाऽस्माद्विमुखः पापात्-सुखं सर्वं भविष्यति ।।

मुञ्च बन्दिगृहात्सर्वान्-निरपराधिनो नृप ।
याचेस्त्वं चेत्क्षमां नत्वा क्षन्तव्यस्त्वं भविष्यसि ।।

9. Story of Kańsa's death (Krishna's Childhood)

(कंस)

दोहा॰ कहा कंस ने कृष्ण को, तुझे बचावे कौन ।
दिखा मुझे बल दूध का, अब मत रहना मौन ।।

आज तुझे ना छोड़ दूँ, लूँगा तेरी जान ।
नस नस तेरी तोड़ दूँ, बचे न तेरे प्राण ।।

(चौपाई)

मैं वीरों से लड़ने वाला, तू है नन्हा बालक ग्वाला ।
अब तेरी मैं हत्या कर दूँ, नभ की वाणी मिथ्या कर दूँ ।।

ॐ श्लोकौ

मायावी बलशाली च धीरोऽहं च पराक्रमी ।
कृष्ण त्वाऽहं हनिष्यामि भविष्यामि च निर्भयः ।।

किं वा पापं नु पुण्यं वा व्यर्थाः सर्वा विवेचनाः ।
मार्गं निष्कण्टकं कर्तुं यथेच्छया करोम्यहम् ।।

(फिर)

दोहा॰ इतना कह कर कंस ने, कीन्हा मुष्टि प्रहार ।
नीचे झुक कर कृष्ण ने, बचा लिया वह वार ।।

टाँग अड़ा कर कृष्ण ने, किया पलट प्रतिकार ।
गड़बड़ मामा गिर पड़े, लगी तुंड पर मार ।।

गदा घुमाई कंस ने, कीन्हे नाना वार ।
एक ना लगा कृष्ण को, गये सभी बेकार ।।

मामा ने फिर हाथ में, धारण की तलवार ।
घुमा-घुमा कर थक गये, लगा न कोई वार ।।

शस्त्र-अस्त्र फिर कंस ने, कीन्हे बहुत प्रयोग ।
लगा न कोई कृष्ण को, व्यर्थ गया उपयोग ।।

ब्रह्म-अस्त्र का कंस ने, कीन्हा अंतिम वार ।
आया ना वह काम में, जैसे अन्य प्रहार ।।

(क्यों कि)

9. Story of Kaṅsa's death (Krishna's Childhood)

शक्ति योग के सामने, कंस हुआ बेकाम ।
योगेश्वर श्रीकृष्ण हैं, काम करत निष्काम ।।

(चौपाई)

इतना कह कर हँस कर मामा, मुष्टि प्रहारा हरि पर कीन्हा ।
हरि ने झुक कर वार बचाया, टाँग अड़ा कर उसे गिराया ।।

फिर मामा ने गदा उठाई, घुमा घुमा कर मुड़ी कलाई ।
हरि को लगा न कोई धक्का, मामा रह गया हक्का-बक्का ।।

फिर तलवार निकाली मामा, कोई चाल न आई कामा ।
शस्त्र-अस्त्र बहु विधि के सारे, छोड़े हरि पर बल बहुतेरे ।।

फेंका ब्रह्म अस्त्र फिर मामा, वो भी हरि पर था बेकामा ।
शक्तियोग के आगे सारे, शस्त्र-अस्त्र सब उसके हारे ।।

श्लोकः

एवमुक्त्वा हि कंसेन प्रहारा विविधाः कृताः ।
शस्त्रास्त्रैः सह सर्वैश्च कृष्णस्तु निर्व्रणो हि सः ।।

(अंत में)

दोहा॰ **झपट पड़ा फिर कृष्ण पर, करने उसका घात ।**
मगर कृष्ण ने पलट कर, जकड़ी उसकी लात ।।

पकड़ी गर्दन कंस की, उसको लपटा मार ।
पटका उसको भूमि पर, उसके सिर के भार ।।

(चौपाई)

अंत में मामा हरि पर झपटा, हरि ने उसको मारा लपटा ।
गर्दन पकड़ी, मारा झटका, उसे उठा कर भू पर पटका ।।

♫ **नंद किशोर कृष्णायन छन्दमाला, मोती 15**

राजीवगण छन्द[24]

9 + 7 + ऽ

---

[24] **राजीवगण छन्द** : इस 18 मात्रा वाले पौराणिक छन्द में 9–9–7–ऽ इस प्रकार से मात्राएँ आती हैं ।

▶ लक्षण गीत : **दोहा॰ मत्त अठारह से बना, गुरु मात्रा से अंत ।**
कहा "राजीवगण" जिसे, प्रति नौ कल यति छंद ।।

9. Story of Kańsa's death (Krishna's Childhood)

(कंस ध्वंस)

बहुतेरे अस्त्र चलायो मामा । आयो कृष्ण पर न कोई कामा ।। 1

विविध शस्त्र फेंक फेंक जब हारा । मुष्टि प्रहार से गया वह मारा ।। 2

(मामा बोला)

दोहा॰ हड्डी पसली टूट कर, हुई जभी थी चूर ।
प्राण कंस के देह से, निसर रहे थे दूर ।।

बोले मामा कृष्ण को, तुम्हें नीति नहिं ज्ञात ।
भाँजा मारे मामु को, अधर्म की है बात ।।

मरते दम में कंस को, नीति आगयी याद ।
रावण सम ज्ञानी बना, मर जाने के बाद ।।

(छौपाई)

हड्डी पसली हुई जब चूरा, प्राण भाग रहे थे दूरा ।
बोला, "**अधर्म है ये सारा, भाँजे ने मामा को मारा**" ।।

श्लोकः

अन्ते कृष्णेन कंसस्तु कण्ठं सम्पीड्य सूदितः ।
कंसो ब्रूते तदा कृष्णं, "पापं मातुलसूदनम्" ।।

(बाल कृष्ण ने कहा)

दोहा॰ कृष्ण निहत्थे ने कहा, सुनलो अंतिम ज्ञान ।
बात नीति की मैं कहूँ, रहे सदा ही ध्यान ।।

आयुधधर निःशस्त्र का, लेने आता प्राण ।
पाप उस गुनहगार का, कर नहिं सकता त्राण ।।

उसको उसका मारता, जनम जनम का पाप ।
वो नर मरता है सदा, बेशक अपने आप ।।

इतना सुन कर कंसने, छोड़े अपने प्राण ।
हरि चरणन में गुजर कर, मिला स्वर्ग में स्थान ।।

(चौपाई)

धर्मयोग है बड़ा पुराना, जनम-जनम जो आता कामा ।

कृष्ण निहत्था बोले श्यामा, साँस आखिरी सुनलो, मामा! ।।

(सूक्ति)

"शस्त्रधारी जो लड़ने आवे, प्राण किसी के लेने धावे ।

उसको मारे उसके पाप, वो मरता है अपने आप" ।।

ॐ श्लोकः

सुभाषितम्

हत्वाऽवध्यं हि यत्पापं शास्त्रेषु विदितं सखे ।

वध्यं तदेव चाहत्वा पातकं कथितं तथा ।।

♪ नंद किशोर कृष्णायन छन्दमाला, मोती 16

फटका छन्द, अनुप्रास

8 + 8 + 8 + 6/5

(पाप)

पापी जन का पाप पचाना, शास्त्र में जाना पाप है ।

पापी जन का पाप पचाता, पाप वो करता आप है ।। 1

शास्त्रों में जो पाप कहा है, वध करने में अवध्य का ।

वही पाप है मिलता उसको, जो न करे वध वध्य का ।। 2

♪ नंद किशोर कृष्णायन छन्दमाला, मोती 17

विद्युन्माला-छन्दः

ऽ ऽ ऽ, ऽ ऽ ऽ, ऽ ऽ

(कंसारिपूजनम्)

कंसध्वंसं दुष्टारिं तं, गोपीनाथं कृष्णं वन्दे ।

ऋत्वा पुष्पं तोयं धूपं, गन्धं क्षौद्रं नारीकेलम् ।। 1[25]

वन्दे सर्वज्ञं धातारं, देवेशं योगेशं श्रीशम् ।

गोपालं गोविन्दं विष्णुं, राधानन्दं गोपीनाथम् ।। 2

वन्दे सानन्दं श्रीकृष्णं, लक्ष्मीकान्तं भक्ताधीनम् ।

सर्वाधारं सर्वात्मानं, राधाप्राणं सर्वानन्दम् ।। 3

ऊरू जानू पादौ बाहू, कोष्ठं स्कन्धौ ग्रीवां कण्ठम् ।

वक्त्रं कर्णौ नेत्रे शीर्षं, जिह्वां चित्तं मे रक्षेत्सः ।। 4

---

[25] **क्षौद्रं =** मधु, शहद । **नारीकेलम् =** नारिकेल, नालिकेर, नारियल, नाडिकेर, नाडिकेलि ।

9. Story of Kaňsa's death (Krishna's Childhood)

(कृष्ण)

दोहा॰ कंस के मरे, कृष्ण ने, खोले कारा द्वार ।
मुक्त किये माता–पिता, और सब निराधार ।।

सबने जय! जय! कृष्ण की, बोली ऊँचे नाद ।
मातु, पिता, सब लोग ने, दीन्हे आशीर्वाद ।।

ॐ श्लोकः

एवमुक्त्वा च कृष्णेन बन्दिगृहमपावृतम् ।
मथुरायाः पुनः पुण्य अग्रसेनो नृपः कृतः ।।

नंद किशोर कृष्णायन गीतमाला, पुष्प 68

(हमें बाल कृष्ण ने तारा)

स्थायी

हमें बाल कृष्ण ने तारा, उस पापी कंस को मारा ।

अंतरा–1

वृंदावन में स्वर्ग बसायो, कुंज गलिन में राधा रमायो ।
नंद यशोदा धन्य करायो, गोविंद नंद का प्यारा ।।

अंतरा–2

कंस पापी के अनुचारी सारे, भेज दिए सब स्वर्ग दुआरे ।
मुक्त किए मुनि भगत पुजारी, आनंद कंद जग सारा ।।

अंतरा–3

माता–पिता को कैद छुड़ाया, व्रज जन का सब ताप हराया ।
अग्रसेन पर मुकुट चढ़ाया, मथुरा का राज उबारा ।।

नंद किशोर कृष्णायन गीतमाला, पुष्प 69

(व्रज भूमि)

स्थायी

व्रज भूमि में इन्द्र का धाम, मथुरा भद्र जनों का ग्राम ।
बसा है सबके मन में राम, निस दिन मुख में कृष्ण का नाम ।।

अंतरा–1

9. Story of Kaṅsa's death (Krishna's Childhood)

ग्वाल बाल सह मिलकर गायो, दुख भरे दिन श्रीकृष्ण हटायो ।
नर अवतार में हरि का काम, बोलो, जय जै, कृष्ण का नाम ।।

अंतरा–2

गोप गोपी सब रास रचाये, कुंज गलिन में नाच नचाये ।
राधा का गा गाकर नाम, बोलो, जय जै, जै सिया राम ।।

अंतरा–3

देव-देवता सब हरषायो, शुभ आशीष बादल बरसायो ।
पूरण हैं सबके अरमान, बोलो, जय जै, जै भगवान ।।

 नंद किशोर कृष्णायन गीतमाला, पुष्प 70

(कंस वध की कथा)

स्थायी

स्वरदा ने सुंदर गाया है, नारद ने साज बजाया है ।
रतनाकर गीत रचाया है ।।

अंतरा–1

दिखला दे जोर पयस का तू, कहते हैं बना है अयस्[26] का तू ।
मैं अस्त्र शस्त्र सब लाया हूँ, सौ हाथी का बल पाया हूँ ।
ये अविनाशी मम काया है ।।

अंतरा–2

कब कौन किसे मारे, मामा! बस कर्म दिलावे यम धामा ।
तुम और न पाप करो, मामा! है दुराचार को भी सीमा ।
ये कर्मधर्म बतलाया है ।।

अंतरा–3

बहु अस्त्र चलाए मामा ने, हरि पर काम न कोई आए ।
ज्यों ही मामा हरि पर लपटा, हरि ने उठाय उसको पटका ।
नभ वाणी सत्य बनाया है ।।

---

[26] अयस् = लोहा ।

सर्ग १०

द्वारकाधीश की कथा

10. Story of Shri Krishna, the King of Dwarka (*Krishna's* Childhood)

नंद किशोर कृष्णायन छन्दमाला, मोती 18

मत्तमयूर छन्द[27]

ऽ ऽ ऽ, ऽ ऽ।, । ऽ ऽ, ।। ऽ, ऽ

(सुदामा)

कैसे जाऊँ मैं मिलने कृष्ण सखा से ।
वो राजा मैं रंक, मिलेगा वह कैसे ।। 1
ऊँची कोठी देख सुदामा चकराया ।
कान्हा ने है पास को बिठलाया ।। 2

नंद किशोर कृष्णायन गीतमाला, पुष्प 71

(द्वारिका नगरी)

स्थायी

हरि चरणन की अमृत गगरी ।
धाम द्वारिका पावन नगरी, मथुरा कांची अवध पुरी ।।

अंतरा–1

राज महल माधव का सुनहरा, यादव का भगवा ध्वज फहरा ।
सागर तट पर लावण्य खड़ी, स्वागत करती जल की परी ।।

---

[27] **मत्तमयूर छन्द** : इस 13 वर्ण, 22 मात्रा वाले छन्द के चरण में म त य स गण और एक गुरु वर्ण आते हैं । इसका लक्षण सूत्र ऽ ऽ ऽ, ऽ ऽ।, । ऽ ऽ, ।। ऽ, ऽ इस प्रकार होता है ।

▶ लक्षण गीत : **दोहा॰ मत्त बाईस का बना, गुरु कल से हो अंत ।**
म त य स गण से जो सजा, "मत्तमयूरा" छंद ।।

Childhood)

अंतरा–2

पँच धाम पावन जग जाने, हरि दरशन के जो हैं दीवाने ।
भगत जनन की भीड़ बड़ी, पावन नगरी जादू भरी ।।

अंतरा–3

मथुरा से हरि गोकुल आयो, राधा मिलन वृंदावन लायो ।
मधुबन से द्वारिका नगरी, आयो सुदामा मिलन हरि ।।

🕮 कथा 🕮

(कृष्ण, द्वारकाधीश)

✍**दोहा॰** मुक्त हुए माता–पिता, उग्रसेन जी मुक्त ।
गादी हार बैठे पुनः, नृप–लक्षण से युक्त ।।

मथुरा नगरी होगयी, सुख शाँति से पूर्ण ।
मातु–पिता हर्षित गुए, हर्षित जन संपूर्ण ।।

(द्वारका गमन)

✍**दोहा॰** करके मुक्त माता–पिता, गिरिधर हरि जगदीश ।
आशिष उनके पाइके, बने द्वारिकाधीश ।।

कृष्ण द्वारिका हैं चले, राधा चली न साथ ।
चले दार के संग ही, कृष्णरुक्मिणीनाथ ।।

"पत्नी हरि की रुक्मिणी, राधा मन की मीत ।
अपना–अपना स्थान है, यथा पद तथा प्रीत" ।।

मिलन जुदाई संग है, यही जगत की रीत ।
जुदा हुए भी अजर है, राधावर की प्रीत ।।

कृष्ण द्वारिका जब गए, राधा हुई उदास ।
राधा बरसाने गई, अपनी माँ के पास ।।

धन्य–धन्य तू राधिके! तुझे पूज्य है स्थान ।

Childhood)

कृष्ण नाम के सामने, होगा तेरा नाम ।।

निर्मल माया कृष्ण की, श्रेष्ठ यही सम्मान ।
जहाँ भजन हो कृष्ण का, तेरा भी हो गान ।।

जग में अब दो हो गए, सबसे सुंदर नाम ।
पहिला सीताराम है, दूजा राधेश्याम ।।

 नंद किशोर कृष्णायन गीतमाला, पुष्प 72

(मथुरा मुक्त हुई)

स्थायी

मथुरा, फिर से मुक्त कियो, अब, कंस का त्रास गयो ।

अंतरा–1

व्रज जन सारे, डर के मारे, प्राण हथेली पर थे धारे ।
सब मुक्तानंद भयो, अब, कंस का पाश गयो ।।

अंतरा–2

नभ वाणी को सत्य बनायो, सदाचार को नित्य करायो ।
हरि हेतु सफल भयो, जब, कंस का राज गयो ।।

अंतरा–3

इन्द्रपुरी सम राज है फिर से, मथुरा पावन जमुना नीर से ।
कटु कल्मष सकल गयो, सब, कंस का नाश भयो ।।

(फिर)

दोहा॰ चले जनार्दन द्वारिका, तज कर व्रज के लोग ।
राधा बोली, श्रीहरि! कैसे सहें वियोग ।।

 नंद किशोर कृष्णायन गीतमाला, पुष्प 73

(कान्हा मत जा)

स्थायी

कान्हा मत जा रे ।
वृंदावन में नंद जसोदा, द्वारावती दूर है, मोहे मत तज रे ।

अंतरा–1

Childhood)

तू मेरी है प्रीत कहाई, साथ मिलन के बनी जुदाई ।
दुनिया की रीत है, रा-धे! जाने दे ।।

अंतरा-2

दोस पुराना गोप सुदामा, गोप गोपियाँ, साथ सुहाना ।
राधा को छोड़के, श्यामा! मत जा रे ।।

अंतरा-3

कारज के अरु काम पड़े हैं, आगे संकट आन खड़े हैं ।
मेरा कर छोड़ दे, राधे! जाने दे ।।

(सुदामा)

दोहा॰ गुजर गये कुछ साल जब, चला द्वारिका धाम ।
मित्र पुराना कृष्ण का, विप्र सुदामा नाम ।।

आया जब वो द्वारिका, नगरी बहुत ललाम ।
सुवर्णमय सुंदर सजी, रौनक थी अभिराम ।।

भव्य दिव्य प्रासाद को, डरा सुदामा देख ।
मुख्य द्वार के सामने, हाथी खड़े अनेक ।।

हाथी सजे सुवेश थे, यथा इंद्र का धाम ।
मार्ग किनारे पर खड़े, स्वागत करने काम ।।

विप्र सुदामा झिझकता, आया वर करीब ।
कैसे करूँ प्रवेश मैं, भीतर दीन गरीब ।।

भीतर आते कृष्ण ने, लिया उसे पहिचान ।
लाया उसको कक्ष में, सहित बहुत सम्मान ।।

सिंहासन पर विप्र को, दिया बगल में स्थान ।
राजा-रंक न भेद था, दोनों एक समान ।।

चरणन प्यारे मित्र के, स्नेह सहित प्रक्षाल ।
पोहे खाये प्रेम से, समरण पुराना काल ।।

यादों में थी देवकी, नंद, यशोदा मात ।

Childhood)

गोप–गापियाँ, राधिका, अरु बलदाऊ भ्रात ।।

जमुना तट की याद भी, चोरी माखन खात ।
धेनु चुरावत विपिन में, वत्सासुर का घात ।।

मधुबन की मधु याद में, खोये दोनों मीत ।
नर–नारायण मिल गये, उमड़ उठी थी प्रीत्त ।।

नंद किशोर कृष्णायन गीतमाला, पुष्प 74

राग आसावरी, कहरवा ताल 8 मात्रा

(नंद बलरामा)

स्थायी

नंद बलरामा, संग सुदामा, देवकी नंदन हरि घनश्यामा ।
ग्वालिन राधा मैया यशोदा, गोप गोपिका गोकुल धामा ।।

अंतरा–1

मेरी जीवन सागर नैया, कृष्ण कन्हैया, कहत सुदामा ।

अंतरा–2

नंद के घर से माखन छुपके, लात दमोदर, खात सुदामा ।

अंतरा–3

मधुबन में हरि धेनु चरावत, संग गवन के जात सुदामा ।

अंतरा–4

जमुना तट पर फोरत मटकी, नंद लला के, साथ सुदामा ।

अंतरा–5

पनघट पर जब बांसुरी बाजे, सुध–बुध खो कर, गात सुदामा ।

अंतरा–6

जल क्रीडा से वस्त्र गोपि के, श्याम चुरावत, लजत सुदामा ।

अंतरा–7

कंस मिलन जब जात मुकुंदा, राधा यशोदा रोत सुदामा ।

अंतरा–8

द्वारिका नगरी राज महल में, कृष्ण से करता, बात सुदामा ।

Childhood)

नंद किशोर कृष्णायन गीतमाला, पुष्प 75

राग मालकंस, कहरवा ताल 8 मात्रा

(नर–नारायण)

स्थायी

जग अलग–अलग कहता दोनों, जो अलग कहत उसे रहने दो ।

अंतरा–1

बचपन के हैं दोनों साथी, भव सागर में, बिछुड़े हैं ।
कृष्ण सुदामा रूप अलग हैं, नर नारायण, एक हि हैं ।।

अंतरा–2

आर है गोकुल पार मथुरा, दोनों जमुना तीर पे हैं ।
राधा सखी है सखा सुदामा, सखी सखा सब, एक हि हैं ।।

अंतरा–3

रंक सुदामा राजा हरि हैं, केवल मौखिक, अंतर है ।
अंतर तन का, नहीं है मन का, दो तन दो मन, एक ही हैं ।।

नंद किशोर कृष्णायन गीतमाला, पुष्प 76

(कृष्ण की द्वारका)

स्थायी

स्वर्गद्वार ये द्वरिका नगरी, पँच धाम में अमृत गगरी ।

अंतरा–1

वृंदावन का कृष्ण कन्हैया, इस नगरी का बना है राजा ।
राज महल जिसका सोने का, हरिहर है सबका हितकारी ।।

अंतरा–2

सिंधु तट पर बसी पुरानी, सोमनाथ शिव रची सुहानी ।
विप्र सुदाम की यहाँ कहानी, भगत हरि पर हैं बलिहारी ।।

अंतरा–3

एक दिन आया द्वारिका, गरीब सुदामा सखा हरि का ।
सिंहासन पर साथ बिठाया, प्रेम से उसे बोले बनवारी ।।

Childhood)

 नंद किशोर कृष्णायन गीतमाला, पुष्प 77

(द्वारकाधीश की कथा)

स्थायी
स्वरदा ने सुंदर गाया है, नारद ने साज बजाया है ।
रतनाकर गीत रचाया है ।।

अंतरा–1
हरि मातु पिता को मुक्त कियो, नृप अग्रसेन को राज्य दियो ।
बंदी गृह के ताले तोड़े, सब कैदी मोचित कर छोड़े ।
व्रज रामराज बनाया है ।।

अंतरा–2
व्रज से मंगल आशिष पा कर, पूज्य द्वारिका नगरी आकर ।
श्रीकृष्ण द्वारिकाधीश भया, हरि योगेश्वर जगदीश भया ।
नगरी को स्वर्ण सजाया है ।।

अंतरा–3
एक दिन मित्र सुदामा आया, लख सुवर्ण नगरी चकराया ।
हरि उसको गले लगाया है, सिंहासन पर बिठलाया है ।
नर नारायण में समाया है ।।

सर्ग ११

योगेश्वर श्रीकृष्ण की कथा

11. Story of Yogeshvara Shri Krishna (Shri *Krishna's Adulthood*)

दोहा॰ योगेश्वर! तुमने दिया, हमें योग का ज्ञान ।
कर्म धर्म जागृत किए, और जगत कल्याण ।।

नंद किशोर कृष्णायन छन्दमाला, मोती 19

श्लोका:

(श्रीकृष्णवन्दना)

कृष्णो माता-पिता बन्धुर्गुरुर्ज्ञातः सखा तथा ।
कृष्णं योगेश्वरं पुण्यं पूज्यं वन्दे जगद्गुरुम् ।। 1

कृष्णेन ना समो दाता भूतो न च भविष्यति ।
कृष्णाय वासुदेवाय राधावराय वन्दना ।। 2

कृष्णात्-हि जायते सर्वं कृष्णात्सर्वं समाप्यते ।
कृष्णस्य करुणां प्राप्य श्रद्धालुर्न निमज्जति ।। 3

कृष्णे मनश्च चित्तञ्च बुद्धिर्निवेशिता हि स्यात् ।
कृष्ण! कृष्ण! नु कृष्णेति तस्माद्भज मनः सदा ।। 4

नंद किशोर कृष्णायन छन्दमाला, मोती 20

मन्दाक्रान्ता-छन्दः[28]

ऽ ऽ ऽ, ऽ।।, ।।।, ऽ ऽ।, ऽ ऽ।, ऽ ऽ

(श्रीकृष्णवन्दनम्)

---

[28] **मन्दाक्रान्ता छन्द** : इस अत्यष्टि छन्द के चरण में 17 वर्ण, 27 मात्रा होती हैं । इसमें म भ न त त गण आते हैं और अन्त में दो गुरु अक्षर । इसका लक्षण सूत्र ऽ ऽ ऽ, ऽ।।, ।।।, ऽ ऽ।, ऽ ऽ।, ऽ ऽ इस प्रकार होता है । इसके 4, 6, 7 वे वर्ण पर यति विकल्प से आता है ।

▶ लक्षण गीत : **दोहा॰ जहाँ म भ न त त आदि में, दो गुरु मात्रा अंत ।
सम वार्णिक यह वृत्त है, "मन्दाक्रान्ता" छन्द ।।**

11. Story of Yogeshvara Shri Krishna (Shri Krishna's Adulthood)

गोपीनाथं कमलनयनं नन्दनन्दं मुकुन्दम् ।
लक्ष्मीकान्तं परमशरणं माधवं चक्रपाणिम् ।। 1
श्रीयोगेशं गरुडवहनं केशवं पद्मनाभम् ।
वन्दे कृष्णं कलुषदहनं विघ्नसंहारकारम् ।। 2

श्लोकः

जपतात्कृष्ण कृष्णेति वचसा मनसा तथा ।
एकाग्रेण हरिं ध्यात्वा तरसि भवसागरम् ।।

दोहा॰ "कृष्ण" नाम लीला भरा, सद्गुण का भँडार ।
जैसे हो चिंतामणी, सफल मनोरथकार ।।

हिरदय में निश-दिन जपो, कृष्ण! कृष्ण! का जाप ।
सुमिरण वन्दन कृष्ण के, सकल मिटावें पाप ।।

मन में मूरत कृष्ण की, मुख में माधव नाम ।
कृष्ण नाम से जो किया, पावन है वह काम ।।

जिसकी श्रद्धा कृष्ण में, जानो भगत सुजान ।
भव-जल उसका पार है, कहते शास्त्र पुराण ।।

कृष्ण! कृष्ण! शुभ नाम के, मोती हैं अनमोल ।
कृष्ण नाम है एक ही, सहस अपर के तोल ।।

कृष्ण नाम की है प्रभा, सबसे उज्ज्वल ज्योत ।
जिसके आगे सूर्य भी, लगता है खद्योत ।।

कृष्ण नाम का स्त्रोत है, अमृत-सरित समान ।
जिसका अनहद नाद है, स्वरदा का वरदान ।।

जग में सुंदर दो हि हैं, मंगल प्यारे नाम ।
आदिम "सीताराम" है, द्वितीय "राधेश्याम" ।।

रट कर हरि के नाम को, होत पाप का अंत ।
अधम लुटेरे चोर भी, बनते संत महंत ।।

आर्त दीन पामर दुखी, जप कर हरि के नाम ।

11. Story of Yogeshvara Shri Krishna (Shri Krishna's Adulthood)

भवसागर से पार हैं, मिट कर दुःख तमाम ।।

जमा पुण्य फल होत है, मिट कर सारे पाप ।
जनम-जनम सुख देत है, नित्य कृष्ण का जाप ।।

गा कर कीर्तन कृष्ण के, तल्लिन मन सब बेर ।
कृष्ण-कृपा से प्राप्त हैं, सुख संपद् के ढेर ।।

लिए कृष्ण का आसरा, मिलती शाँति अपार ।
कृष्ण! कृष्ण! के जाप से, मिले मोक्ष का द्वार ।।

(कृष्ण नाम)
(चौपाई)

कृष्ण नाम है बहुगुणी ऐसा, चिंतामणि पारसमणि जैसा ।
जपिये कृष्ण! कृष्ण! शत बारी, वन्दन वन्दन जय गिरिधारी! ।।

कृष्ण नाम मन सदा बसाओ, सेवा का मन में सुख पाओ ।
श्रद्धा वाला भगत सुजाना, जपता है हरि नाम सुहाना ।।

कृष्ण! कृष्ण! अनमोले मोती, कृष्ण भक्ति है अंतर् ज्योति ।
कृष्ण! कृष्ण! जप अमृत वाणी, देती अमल अजर निर्वाणी ।।

कुटिल कुकर्मी अधम अनेका, तर गए कृष्ण जाप से एका ।
दुखी आर्त नर पामर दीना, तरता नाम कृष्ण का लीना ।।

अमृत वह रसना है जानी, कृष्ण! कृष्ण! जो करे बखानी ।
कृष्ण जाप की परम कमाई, जनम-जनम जीवन सुखदाई ।।

(और)

मुख से कृष्ण! कृष्ण! जप गाओ, मन में कृष्ण कृष्ण! नित ध्याओ ।
कृष्ण! कृष्ण! जप शाम सवेरे, देता सुख संपद् के ढेरे ।।

कृष्ण नाम घट-घट में बसता, कृष्ण! कृष्ण! नस-नस में बहता ।
कृष्ण जाप से दुख सब घटते, कृष्ण जाप से अघ सब मिटते ।।

कृष्ण ईश के नाम जपन में, विमुक्ति मिलती इसी जनम में ।
कृष्ण भक्ति हो जगत-जनन में, कृष्ण! कृष्ण! नित जन के मन में ।।

11. Story of Yogeshvara Shri Krishna (Shri Krishna's Adulthood)

कृष्ण! कृष्ण! जप निर्मल बुद्धि, देती नर को ऋद्धि-सिद्धि ।

कृष्ण! कृष्ण! निश-दिन जापा, जनम-जनम के दहता पापा ।।

कृष्ण! कृष्ण! हिरदय में भरिए, हरि जप नौका से भव तरिए ।

कृष्ण नाम जप विपद निबारे, कृष्ण भगत को आन उबारे ।।

 नंद किशोर कृष्णायन गीतमाला, पुष्प 78

राग यमन, कहरवा ताल

(योगेश्वर वन्दना)

स्थायी

जन गण वन्दन करते हैं तुमको, देवकी नंदन कहते हैं तुमको ।

देवकी नंदन जय जय जय हो ।

अंतरा-1

नाथ! जगत के तारक तुम हो, विघ्न विनाशक, माधव जय हो ।

अंतरा-2

भक्ति योग है दीन्हा तुमने, भगत सखा प्रभु, मोहन जय हो ।

अंतरा-3

कर्मयोग योगेश्वर तुमसे, पार्थ सारथी, केशव जय हो ।

 नंद किशोर कृष्णायन गीतमाला, पुष्प 79

राग : भैरवी, कहरवा ताल 8 मात्रा

(योगेश्वर वन्दना)

स्थायी

सरस्वती ने गाया है, नारद साज बजाया है ।

रत्नाकर से रचाया है, मंगल गीत सजाया है ।।

अंतरा-1

आओ गाएँ कृष्ण के नाम, केशव माधव हरि घनश्याम ।

राधावल्लभ वो सुखधाम, मोऽहेऽ नेह लगाया है ।।

अंतरा-2

हे जगवन्दन! दे वरदान, देवकी नंदन राधेश्याम! ।

11. Story of Yogeshvara Shri Krishna (Shri Krishna's Adulthood)

हरि! हरि! जपूँ मैं चारों याम, तू मम मन को भाया है ।।

अंतरा–3

कंसनिकंदन गोपाला, पूजन करते व्रजबाला ।
मुरलीधर मोहन कान्हा, गिरिधर सुख बरसाया है ।।

11. Story of Yogeshvara Shri Krishna (Shri Krishna's Adulthood)
NOTES

www.ingramcontent.com/pod-product-compliance
Lightning Source LLC
Chambersburg PA
CBHW081116080526
44587CB00021B/3612
9781897416952